Handbuch
Rosen

Handbuch
Rosen

© KOMET Verlag GmbH, Köln
Autorin: Annette Mader
Gesamtherstellung: KOMET Verlag GmbH, Köln
Alle Rechte vorbehalten
ISBN 978-3-89836-860-5
www.komet-verlag.de

Inhalt

Die Rosengruppen 6

Kurze Pflegetipps 12

Die schönsten Rosen von A–Z 14

Register 286

Die Rosengruppen

Die Rose blickt als Kulturpflanze auf eine sehr lange Geschichte zurück. Bei den Römern gab es regelrechte Rosenorgien, und es wurde in Rosenblättern und Rosenöl geradezu gebadet. Zu Beginn des Christentums war die Rose als heidnisches Symbol verboten, was sich aber einige Zeit später ins Gegenteil umkehrte.
Bis zum Ende des 18. Jahrhunderts gab es nur die Farbtöne Weiß, Violett, verschiedene Rosatöne und Karmesinrot. Das änderte sich, als die Chinarosen nach Europa kamen und die Farben durch Einkreuzen um reines Rot und Gelb erweitert wurden. Es entstanden außerdem erstmals öfter blühende Sorten. Allerdings hatte das auch Nachteile, denn durch das Einkreuzen der Chinarosen büßten die neu gezüchteten Rosen ihre Frosthärte ein.
Heute gibt es eine solche Rosenvielfalt, dass es empfehlenswert ist, sich mit den wichtigsten Rosengruppen vertraut zu machen, deren Einteilung sich sowohl nach Zuchtklassen (kursiv) als auch nach Wuchsformen richtet. Den Rosengruppen kann der Rosenliebhaber ungefähr das Aussehen der Rose sowie die spezifische Pflege entnehmen.
Viele der edlen, alten Bauernrosen gehören zu den sehr winterharten Albarosen. Sie blühen reich und lange in Weiß oder Zartrosa, aber nur einmal, duften dafür aber hervorragend.

Alte Rosen gehören zu den ältesten Kulturrosen, sie blühen pro Saison nur einmal. Nur gelegentlich kommt es zu einer schwächeren Nachblüte. Die öfter blühenden Rosen aus China hatten noch keinen Einfluss auf die auch als historisch bezeichneten Rosen.
Beetrosen sind vielblütige Buschrosen und vor allem wegen der Vielzahl an Farben sowie der dauerhaften und vielzähligen Blüte beliebt. Am besten wirken sie in Kombination mit Stauden und Einjährigen, die man Ton in Ton kombinieren kann.

Einführung

Bodendeckerrosen gehören zu den Park- und Strauchrosen, sind aber sehr breitwüchsig und treiben so stark aus, dass ihre niederliegenden Triebe den Boden vollständig bedecken. Sie sind meist öfter blühend und pflegeleicht.

Die erste **Bourbonrose** wurde 1817 auf der Île de Bourbon (heute Réunion) entdeckt. Durch gezielte Weiterzüchtung entstanden recht vielfältige Sorten, die als Strauch- oder Kletterrosen gezogen werden. Die meisten blühen mehrmals bis dauernd in Weiß und vielen Rosatönen.

Einführung

Chinarosen kamen aus China und Indien um 1800 nach Europa. Im Gepäck brachten sie tiefrote und gelbe Farben sowie dauernde Blütezeiten bis zum Herbst mit. Sie brauchen einen Winterschutz.
Die großen Sträucher der **Damaszenerrosen** stammen aus Kleinasien, einige Sorten sind schon uralt und wurden zu Zeiten der alten persischen Hochkultur kultiviert. Fast alle Sorten duften schwer und blühen einmal oder öfter von weiß bis rosa.
Edelrosen besitzen lange, elegante, schmale Knospen, die großen Blüten erscheinen einzeln an langen Stielen. Lange Zeit wurde hier nur auf Farbe und Größe gezüchtet, sodass sie meist nicht duften und auch teilweise recht empfindlich sind. Diese Gruppe stellt die meisten Schnittblumen.
Englische Rosen kommen meist aus der Zucht des Engländers David Austin, der alte Rosen mit neuen kreuzte. Sie besitzen den Duft und die Blütenpracht der alten Sorten, weshalb sie auch als romantische Rosen bezeichnet werden, blühen jedoch mehrmals den ganzen Sommer hindurch.

Einführung

Auch **Floribundarosen** tragen große Blüten, da sie von den Teerosen abstammen. Allerdings erscheinen die Blüten immer in großen Büscheln, die sich an den Triebspitzen bilden.

Gallicarosen stammen aus Südeuropa und werden auch als Apothekerrosen bezeichnet, da aus ihnen schon im Mittelalter Rosenöl und Heilmittel hergestellt wurden. Sie sind sehr winterhart, blühen einmal in intensiven Farben und duften herrlich.

Bei den **Kletterrosen** gibt es grundsätzlich zwei Typen, die kletternden Climberrosen und die rankenden Ramblerrosen.

Erstere blühen meist mehrmals im Jahr und bringen große, oft in Dolden erscheinende Blüten hervor. Die Climber haben dicke kräftige Stämme und können auch ohne Stütze klettern. Ein Rankgerüst ist oft wegen der schweren Blütenlast dennoch empfehlenswert. Die Rambler dagegen sind äußerst robust und gesund, aber kleinblütiger und meist nur einmalblühend. Ihre Triebe können bis zu 15 m lang werden, bleiben aber dünn und benötigen eine Kletterhilfe. Ohne eine solche können sie auch als Bodendecker eingesetzt werden. Grundsätzlich sollten nur die alten, vergreisten Triebe herausgeschnitten werden, es reicht, wenn alle paar Jahre ausgelichtet wird.

Die meist einmal blühenden **Moosrosen** stammen von den Zentifolien ab und sind an den moosartigen Auswüchsen an ihren Kelchblättern zu erkennen. Sie duften recht gut und blühen in Rosa, Karminrot oder Weiß.

Einführung

Moschusrosen gehören zu einer sehr alten asiatischen Rosengattung. Sie besitzen zarte Blüten in wunderschönen Farben, etwa in Rosa, Gelb oder Aprikot. Da sie nicht sehr groß werden, sind sie vor allem für kleine Gärten geeignet. Meist blühen sie öfter.

Die erste **Portlandrose** entstand Ende des 18. Jahrhunderts in Italien. Danach wurden weitere Rosen dieser Gruppe gezüchtet. Meist sind die Blüten rot oder rosa und erscheinen mehrmals. Auch sie duften angenehm.

Teerosen oder -hybriden zeichnen sich durch besonders große Blüten aus, die ursprünglich immer einzeln an langen Stielen erschienen. Sie entstanden durch Einkreuzung der öfter blühenden Chinarosen. Heute kennt man auch Teehybriden, die in Dolden erblühen.

Strauchrosen entwickeln hohe und breite Büsche, die vor allem für Einfriedungen geeignet sind. Das Angebot ist in Farbe und Form sehr vielfältig. Sie blühen meist die ganze Saison hindurch und sollten leicht zurückgeschnitten werden. Kleinstrauchrosen fügen sich auch in kleine Gärten ein und benötigen keinen Rückschnitt.

Wildrosen sind die Urahnen aller Kulturrosen und bringen ein Stück ursprüngliche Natur in den Garten.

Einführung

Zentifolien werden auch als Hundertblättrige Rosen bezeichnet und entstanden wahrscheinlich im 16. Jahrhundert in Holland durch Kreuzungen verschiedener Gartenrosen. Ihre großen, üppig gefüllten Blüten haben schon die flämischen Maler begeistert. Fast alle blühen nur einmal und meist in Rosa, Mauve, Karminrot oder Weiß.

Zwergrosen gibt es seit etwa 1920 und in einer sehr großen Farbenvielfalt. Sie zeichnen sich durch einen niedrigen Wuchs aus und sind vor allem als Kübelpflanze beliebt. Die vielblütigen Röschen wurden früher als Zimmerschmuck in unbeheizten Fluren und Zimmern gehalten.

Einführung

Kurze Pflegetipps

- Achten Sie beim Kauf auf Qualität, am besten Güteklasse A. Informieren Sie sich vorher immer über Wuchshöhe, Blühwilligkeit und Gesundheit.
- Arbeiten Sie ausgereiften Kompost in den Boden ein und lockern Sie ihn regelmäßig, damit die Nährstoffe besser verwertet werden können.
- Wichtig ist beim Pflanzen ein großes Erdloch, das Sie mit Zusatzstoffen anreichern. Lockern Sie die Wurzeln etwas und setzen Sie die Rose in das Loch. Nach dem Einfüllen und Festtreten der übrigen Erde das Wässern nicht vergessen.
- Denken Sie bei Kombinationen von Rosen daran, dass zu viele Farben unruhig wirken, beschränken Sie sich auf zwei oder drei, am besten Ton in Ton.

Einführung

- Wenn Sie Stauden und Rosen vergesellschaften, sollten Sie dies immer in größerer Anzahl tun, um ein ruhigeres Bild zu erhalten. Stechen Sie die Stauden ab, wenn sie sich zu sehr ausbreiten.
- Pflanzen Sie Rosen nicht in den Tropfbereich großer Bäume.
- Gießen Sie mäßig, aber regelmäßig, und zwar morgens und abends, nie mittags.
- Decken Sie im Herbst die Erde mit Kompost ab und achten Sie darauf, dass alle Veredelungsstellen unter der Erde liegen.
- Kontrollieren Sie die Rosen regelmäßig und entfernen Sie alle kranken Blätter und Triebe.
- Achten Sie auf eine optimale Düngung, um die Bildung immunisierender Stoffe zu fördern.
- Im Frühjahr werden Beetrosen, Stammrosen, öfter blühende Strauch- und Kletterrosen geschnitten.
- Nach der Blüte im Sommer schneidet man einmal blühende Strauchrosen und einmal blühende Climber.

Abraham Darby

Gruppe Englische Rose, Kletterrose, Romantikrose

Herkunft Im Jahre 1985 züchtete David Austin diese Rose.

Blüte Die Blütezeit beginnt mit einer kräftigen Hauptblüte im Frühsommer und endet im Herbst. Die becherförmigen, 7–9 cm großen Blüten erscheinen einzeln oder in kleinen Büscheln. Ihre subtile Farbe wechselt von rosa-über aprikotfarben bis gelb angehaucht. Der Duft ist sehr intensiv und fruchtig herb.

Charakter Sehr schnell wächst die 'Abraham Darby' zu einem wohl geformten, fast runden und leicht ausladenden Strauch heran, der bei einer Breite von 90 cm bis zu 2 m hoch werden kann. Die Rose ist sehr robust und frosthart. Das Laub ist eisiggrün und glänzend, an der Unterseite gelb getönt.

> **TIPP** *Die stark duftenden Rosenblüten eignen sich hervorragend für Kochrezepte.*

Standort Diese Rose braucht einen Standort in voller Sonne, verträgt aber notfalls auch Halbschatten und arme Böden. Sie wird gern für Rabatten verwendet, wobei ihr Farbenspiel besonders zur Geltung kommt, wenn sie in Gruppen gepflanzt wird. Dank ihrer langen Triebe kann sie auch als Kletterpflanze kultiviert werden.

Pflege Die Pflanze ist zwar allgemein krankheitsfest, kann aber durchaus von Rosenrost befallen werden. Daher sollte unbedingt auf einen rosengerechten Standort geachtet werden.

INFO

Rosenzauber

Zutaten: 30 g Blüten aus Duftrosen, 2 Gläschen (4 cl) Rosenlikör, 150 g Zucker, 1/2 Stange Vanille, Saft von 3 Orangen, 1 kleine Zimtstange, 2 l milder Rotwein, 1 Flasche Sekt und 1 Flasche Mineralwasser

Zubereitung: Die Rosenblütenblätter vorsichtig waschen und abtropfen lassen. Die Blütenblätter in eine Schüssel geben. Rosenlikör, Zucker, Vanillestange, Orangensaft und Zimt zufügen. Alles 4–6 Stunden ziehen lassen. Den Rotwein vorwärmen und über die Blütenblätter gießen. Vor dem Servieren abseihen. Das Getränk mit Sekt und Mineralwasser auffüllen und kühl servieren.

Adélaide d'Orléans

Gruppe Alte Rose, Kletterrose, Sempervirenshybride

Herkunft 'Adélaide d'Orléans' ist eine französische Züchtung von Monsieur Jacques aus dem Jahre 1826. Sie wird auch unter dem Namen 'Léopoldine d'Orléans' gehandelt.

Blüte Die Rose blüht einmal im Sommer. Aus den kleinen rosafarbenen Knospen entwickeln sich fast weiße, halbgefüllte Blüten. Sie erscheinen in Büscheln und hängen in Kaskaden von den Zweigen herab. Sie duften leicht und angenehm nach Pfingstrosen.

> **INFO** Monsieur Jacques war der Obstgärtner auf Schloss Neuilly, das dem späteren König Louis Philippe gehörte.

Charakter Die Kletterrose ist meist immergrün, kann bis zu 4,50 m hoch und bis zu 3 m breit werden. Die langen, schlanken Triebe haben wenige rötliche Stacheln.

Standort Diese Rose gedeiht auf humosen Böden und im Halbschatten. Sie erklimmt Bäume, begrünt rasch Wände und Klettergerüste.

Pflege Die Pflanze sollte im zeitigen Frühjahr zurückgeschnitten werden. Schneiden Sie dazu ältere, stark verzweigte Äste direkt am Boden ab.

Albéric Barbier

Gruppe Ramblerrose, Kletterrose

Herkunft Die französische Rosenschule Barbier in Orléans züchtete im Jahre 1900 diese Rose.

Blüte Die 'Albéric Barbier' blüht einmal im Juni-Juli, mit gelegentlichen Nachblüten. Aus gelben Knospen entwickeln sich cremeweiße Blüten mit einer gelben Mitte, die in dichten Büscheln stehen. Die Blüten sind üppig gefüllt, wirken voll entfaltet aber eher flach. Sie erscheinen nicht nur an den Seitentrieben, sondern auch an den neuen. Sie verströmen einen leichten und frischen Apfelduft.

Charakter Die Kletterrose kann bis zu 5 m hoch werden. Die Triebe sind starkwüchsig, lang und biegsam. Das Laub ist zunächst hell-, später dunkelgrün und sehr anfällig für Rußtau.

INFO *Vorsicht!*
Nach dem Verblühen werden die Blüten rasch braun und bleiben vor allem bei Regen haften.

Standort 'Albéric Barbier' gedeiht auch gut im Schatten und eignet sich als Bodendecker, Baumkletterer oder als Trauerstamm.

Pflege Die dünnen Triebe lassen sich sehr gut aufbinden, ein Rückschnitt ist nicht erforderlich. Am besten bindet man sie so auf, dass sie unter der Blütenlast überhängen.

Alchymist

Gruppe Kletterrose, Strauchrose

Herkunft Die Rose 'Alchymist' geht auf eine Züchtung von Wilhelm Kordes aus dem Jahre 1956 zurück. Sie ist auch unter den Namen 'Alchemist' und 'Alchymiste' bekannt.

> **INFO**
>
> **Vorsicht!**
> *Das Laub ist etwas anfällig für Mehltau. Sind Triebe und Blätter einmal befallen, sterben sie ab.*

Blüte Diese Rose blüht üppig, aber nur recht kurz, und zwar eher früh im Sommer. Runde Knospen öffnen sich zu sehr großen, becherförmigen und nostalgisch wirkenden, üppig gefüllten Blüten. Sie erscheinen in einem orange getönten Gelb, das offiziell als Aprikot bezeichnet wird. Die späteren Blüten sind dabei kräftiger getönt. Wenn sie verblühen, verfärben sie sich ins Rötliche. Die großen Blüten duften sehr intensiv nach Honig.

Charakter Es handelt sich um einen aufrechten, außergewöhnlich starkwüchsigen Strauch, der bis zu 3,50 m hoch und bis zu 2,50 m breit werden kann. Die kräftig bestachelten Triebe tragen ein glänzendes, sehr gesundes, bronzefarben getöntes Laub, das später dunkelgrün wird.

Standort Auch an eher schattigen Mauern und weniger nährstoffreichen Böden gedeiht die Rose noch gut. Sie eignet sich hervorragend, um Wände, Klettergerüste, Zäune oder Pergolen zu begrünen. Sie ist aber auch als hohe Strauchrose dekorativ.

Pflege Die Pflanze ist sehr robust und frostverträglich. Auch stellt sie keine allzu hohen Ansprüche an ihren Standort.

INFO

Vorbeugung gegen Mehltau

Mehltau erkennen Sie daran, dass ein weißer Film die Pflanze überzieht. Vor allem Knospen und Neutriebe sind betroffen. Es gibt jedoch wirksame und simple Abhilfe: Milch. Wenn Sie die jungen Blätter mit Milch besprühen, werden sie glänzend und bieten dem Mehltau mehr Widerstand.

Alpine Sunset

Gruppe Großblütige Rose, Teehybride

Herkunft Diese Rose entstand im Jahre 1974 in Großbritannien in der Rosenschule Cant.

Blüte Die 'Alpine Sunset' ist öfter blühend, legt jedoch zwischen Haupt- und Nachblüte oft eine Erholungspause ein. Im Frühsommer erscheinen die ersten großen, vollen und angenehm duftenden Blüten. Sie zeigen farblich eine schöne Kombination aus Lachsrosa bis Pink, Aprikot und Cremegelb.

INFO *'Alpine Sunset' ist mehrfach preisgekrönt und unter anderem die Trägerin des Den-Haag-Duftpreises von 1976.*

Charakter Bis zu 70 cm hohe Pflanze mit aufrechten Trieben, kompaktem Wuchs und hellgrünen, glänzenden Blättern.

Standort Die Rose ist sehr empfindlich gegen strengen Frost und wird daher nur in mildem Klima gut gedeihen.

Pflege Da die großen Blüten viel Energie verschlingen, sollte die 'Alpine Sunset' gut gedüngt werden, damit auch die Nachblüte gelingt. Es empfiehlt sich ein Winterschutz aus Tannenreisig.

American Pillar

Gruppe Ramblerrose, Kletterrose

Herkunft Diese Rose ist eine US-amerikanische Züchtung der Rosenschule Van Fleet aus dem Jahre 1902.

Blüte Im Juni-Juli erscheinen die ca. 8 cm großen Blüten in üppigen Blütendolden. Die hellroten bis karminrosafarbene Blüten öffnen sich schalenförmig und zeigen ein elfenbeinweißes Auge sowie üppige goldgelbe Staubgefäße. Die attraktiven Blüten erscheinen am vorjährigen Holz und duften leicht und würzig.

TIPP *Da die Triebe sehr kräftig sind, ist die Pflanze so stabil, dass sie kaum angebunden werden muss.*

Charakter Die dicken, starkwüchsigen Triebe können in einer Saison bis zu 6 m lang werden und lassen sich leicht ziehen. Das Laub ist ledrig, graugrün und glänzend.

Standort Auch auf sandigen, nährstoffarmen Böden und im Halbschatten fühlt sich die frostverträgliche Rose wohl. Rasch berankt sie unschöne kahle Wände oder Pergolen und klettert auf Bäume. So eignet sie sich für jede unschöne Stelle im Garten.

Pflege Achten Sie auf einen optimalen Standort, da das Laub anfällig für Mehltau ist.

Gruppe Strauchrose

Herkunft Diese deutsche Rose wurde im Jahre 1984 von Wilhelm Kordes gezüchtet. Manchmal trägt sie auch den Namen 'Angelica'.

Blüte Die Rose 'Angela' blüht vom Frühsommer fast durchgängig bis zum Herbst. Die halbgefüllten, becherförmigen, altrosafarbenen Blüten werden zur Mitte hin heller und zeigen reizende gelbe Staubgefäße. Die Blüten erscheinen in großen, dichten Büscheln und in einer solchen Anzahl, dass der Busch oft ganz von Blüten bedeckt ist. Leider duften sie nur leicht bis fast gar nicht.

Charakter Die Rose wächst mittelstark zu einem aufrechten Busch, der bis zu 1 m hoch werden kann. Sie erscheint locker verzweigt, vor allem, wenn das Gewicht der Blüten die Zweige nach unten drückt. Das üppige Laub leuchtet dunkelgrün und ist ausgesprochen krankheitsresistent.

Standort 'Angela' kann sowohl in der Sonne als auch im Halbschatten kultiviert werden. Die Blüten nehmen auch längere Regenperioden nicht sonderlich übel. Die kompakte kleine Pflanze bietet sich vor allem für kleine Gärten an, wo man sie einzeln als Strauchrose oder in Gruppen pflanzen kann. Sie passt gut zu Beeten und gemischten Rabatten. In Kombination mit Stauden wirkt sie besonders attraktiv. Als Kübelpflanze kann sie auch einen Balkon oder eine Terrasse verschönern.

Pflege Als robuste und krankheitsresistente Rose eignet sie sich ideal für Anfänger. Pflegefehler kann sie gut wegstecken.

TIPP   Für eine flächendeckende Bepflanzung sollten Sie bis zu drei Pflanzen auf einen Quadratmeter setzen.

Ballerina

Gruppe Strauchrose, Flächenrose

Herkunft Die Rose 'Ballerina' wurde 1937 in der britischen Rosenschule Bentall gezüchtet.

Blüte Die Rose ist öfter blühend. Ähnlich wie Hortensiendolden bedecken die kleinen, einfachen hell- bis karminrosa Blütchen in riesigen Büscheln den gesamten Busch. Die Blüten zeigen ein weißes Auge. Die Hauptblüte ist lang und üppig. Leider sind die Blüten fast geruchlos.

Charakter Die 'Ballerina' bildet einen eleganten, aufrechten, dicht verzweigten und manchmal überhängenden kugelrunden Busch, der bis zu 90 cm hoch werden kann. Das Laub ist mittelgrün und sehr stark. Werden die verblühenden Blütendolden nicht entfernt, bilden sich zahlreiche orangefarbene Hagebutten.

INFO *Beachten Sie, dass die zahlreichen und lange erscheinenden Blüten als Nektarquelle auch Bienen und Hummeln anziehen.*

Standort Die Pflanze gedeiht sowohl an einem sonnigen als auch an einem halbschattigen Standort. Man kann sie in Gruppen oder als Hecke pflanzen. Sie eignet sich auch als Befestigung von Böschungen. Im Kübel kann man sie zu einem Stämmchen ziehen.

Pflege Die Rose ist sehr pflegeleicht und bietet sich daher auch als Grabbepflanzung oder für Rosenneulinge an. Will man ganze Flächen begrünen, sollten zwei bis drei Exemplare auf einen Quadratmeter gepflanzt werden.

TIPP **Espresso mit Hagebuttenschnaps und Sahne**
Zutaten: 1 Flasche Schnaps, z. B. Obstler oder Quitte, mehrere kleine Hagebuttenzweige, etwas Zucker, etwas geschlagene Sahne

Zubereitung: Eine Flasche mit den gut gewaschenen Hagebuttenzweigen füllen. Zucker mit Schnaps vermischen und die Flasche damit auffüllen, bis die Zweige vollständig bedeckt sind. Ca. 3 Wochen an einem warmen, sonnigen Platz ziehen lassen. Vor dem Servieren abgießen und in einem Espresso mit einem Klecks geschäumter Sahne servieren.

Barkarole

Gruppe Edelrose, Großblütige Rose, Teehybride

Herkunft 'Barkarole', die auch unter den Namen 'Taboo' oder 'Grand Chateau' gehandelt wird, wurde 1988 von den Züchtern Evers und Tantau in Deutschland vorgestellt.

Blüte Die Hauptblüte dieser Rose liegt im Sommer, bis zum Herbst aber blüht sie immer wieder nach. Aus schwarzroten Knospen gehen samtige, dunkelrote, gefüllte, rundliche Blüten mit einer hohen Mitte hervor, die auf langen Stielen stehen. Sie gehören zu den rötesten Rosen überhaupt und duften angenehm, aber nicht aufdringlich.

Charakter Die 'Barkarole' wächst aufrecht und buschig und kann bis zu 90 cm hoch werden. Die jungen Triebe sind am Anfang dunkelrot und werden später schwarzrot. Die Blätter sind glänzend dunkelgrün mit einem rötlichen Hauch. Im Ganzen wirkt die Pflanze immer etwas ungepflegt und wächst eher asymmetrisch, weshalb sie auch trotz ihrer wunderbaren Blüten nicht zu den beliebtesten Rosen zählt. Als Schnittblume allerdings ist sie von herausragender Schönheit. Mit ihren sehr langen Stielen ist sie für Sträuße geradezu ideal geeignet. Auch ihr angenehmer Duft wird geschlossene Räume bereichern.

Standort Die 'Barkarole' fühlt sich nur in voller Sonne wirklich wohl. Im Kübel macht sie sich als Stämmchen besonders gut. Man kann sie auch einzeln oder gruppenweise in Beete und Rabatten pflanzen.

Pflege Nach dem Verblühen reinigt die Pflanze sich selbst. Auch Regen verträgt die Rose gut.

> **TIPP**
>
> Da ihr asymmetrischer Wuchs nicht besonders attraktiv ist, eignet sie sich weniger für Randbeete, sondern eher für einen abgelegenen Teil des Gartens als Schnittblumenproduzentin.

Baron Girod de l'Ain

Gruppe Alte Rose, Remontantrose

Herkunft Die Rose 'Baron Girod de l'Ain' wurde im Jahre 1897 von Reverchon in Frankreich gezüchtet. Sie ist ebenfalls unter den Namen 'Baron Giraud de l'Ain' oder 'Princesse Christine von Salm' bekannt.

Blüte Die karminroten, becherförmigen, dicht gefüllten Blüten haben einen unregelmäßig gewellten weißen Rand, der sie leicht ungeordnet erscheinen lässt. Der Duft ist intensiv und süßlich.

> **INFO** *In heißen Sommern kann Sternrußtau zu einem Problem werden.*

Charakter Die Rose wächst nur mäßig, wird aber breit und strauchförmig. Sie erreicht eine Höhe von 1,20 m und eine Breite von 90 cm. Sie ist dicht verzweigt. Die Triebe sind steif, grün und leicht bestachelt. Ihren roten Blüten, die sich auch für kulinarische Rezepte eignen, verdankt sie ihre große Beliebtheit.

Standort 'Baron Girod de l'Ain' benötigt einen nährstoffreichen Boden und einen Platz in voller Sonne. So blüht sie bis in den Herbst hinein. Als Einzelstrauch wirkt sie besonders attraktiv.

Pflege Die Rose kann problemlos kräftig verjüngt werden, wenn sie zu dicht und zu üppig gewachsen ist.

Bernstein-Rose

Gruppe Beetrose, Floribundarose

Herkunft Die 'Bernstein-Rose' ist eine Züchtung des deutschen Züchters Tantau aus dem Jahre 1987. Sie ist auch unter dem Namen 'Amaroela' bekannt.

Blüte Die 'Bernstein-Rose' blüht den ganzen Sommer hindurch bis in den Herbst hinein. Aus dicken dunkelgelben und rot überhauchten Knospen entwickeln sich rosettenförmige, stark gefüllte Blüten in einem kräftigen Bernsteingelb. Die inneren Blütenblätter wölben sich nach innen, die äußeren nach außen. Schlechtes Wetter können die frisch duftenden Blüten gut vertragen.

Charakter Die niedrig wüchsige, bis zu 80 cm hohe Pflanze wirkt buschig und kompakt. Sie besitzt dunkelgrüne, schmale Blätter, die sehr resistent gegen Mehl- und Rußtau sind.

Standort Die Pflanze benötigt einen voll sonnigen Standort und kann als Solitär oder in Gruppen gepflanzt werden. Sie gedeiht auch im Kübel als Busch oder Hochstamm.

Pflege Steht die 'Bernstein-Rose' an einem sonnigen Standort, ist sie sehr robust und pflegeleicht. Pilze können ihr nichts anhaben.

Bischofsstadt Paderborn

Gruppe Strauchrose

Herkunft Diese Rose wurde 1964 in Deutschland von Kordes gezüchtet und nach dem westfälischen Bischofssitz Paderborn benannt. Sie ist auch unter dem Namen 'Paderborn' bekannt und trägt im englischen Sprachraum den Namen 'Fire Pillar'.

Blüte Diese Rose blüht in steter Regelmäßigkeit vom Sommer an bis zum ersten Frost. Aus tropfenförmigen, feuerroten Knospen entwickeln sich feurige, scharlachorangefarbene bis zinnoberrote, samtige Blüten mit einer hellgelben Basis. Sie sind schalenförmig, einfach bis halbgefüllt und zeigen, da sie nur wenige Kronblätter besitzen, die goldgelben Staubgefäße in ihrer Mitte. Die etwa 8 cm großen Blüten erscheinen in lockeren, schmalen Blütenständen und sind sehr haltbar.

Charakter Der Rosenstrauch wird mit etwa 1,50 m mittelhoch, wächst buschig aufrecht und ist dicht verzweigt. Er wird ca. 1 m breit. Das Laub treibt zunächst rötlich aus, wird später aber dunkelgrün und glänzend. Es ziert den Strauch auch noch spät im Jahr.

Standort Diese Rose fühlt sich auch im Halbschatten wohl und kann bei guter Fernwirkung auch dunkle Gartenecken verschönern. Sie kann sowohl als Solitär als auch in kleinen Gruppen gepflanzt werden. Auch eignet sie sich für Hecken – hier kann sie ohne Schnitt wachsen – und Parkanlagen, da sie sehr kräftig und gut buschig wächst. An einer Säule kann sie auch als kleine Kletterrose gezogen werden.

Pflege Die Rose 'Bischofsstadt Paderborn' ist sehr robust und wetterfest. Auch gilt sie als widerstandsfähig gegen Krankheiten, selbst wenn sie mittlerweile gegen Sternrußtau anfällig geworden ist.

TIPP Für eine Hecke sollten die Pflanzen in einem Abstand von ca. 80 cm eingesetzt werden.

Bobbie James

Gruppe Ramblerrose, Kletterrose

Herkunft Die Rose 'Bobbie James' wurde 1960 in der Rosenschule Sunningdale Nursery von dem englischen Rosenspezialisten Graham Stuart Thomas in Großbritannien gezüchtet.

Blüte 'Bobbie James' blüht nur einmal im Frühsommer, dafür aber üppig. Die halbgefüllten, 5 cm großen, flach schalenförmigen Blüten sind cremeweiß mit goldgelben Staubgefäßen. Sie erscheinen in großen Rispen und duften frisch, fruchtig und intensiv.

Charakter Eine gute Kletterrose mit eleganten, stark bestachelten bis zu 5 m langen Trieben. Das hellgrüne Laub besteht aus sehr vielen glänzenden Blättern mit rötlich leuchtenden Rändern.

TIPP *Die weißen Blüten eignen sich mit ihren gelben Staubgefäßen zusammen mit anderen gelben Blumen ideal für einen Brautstrauß.*

Standort Die Rose wächst sehr stark und benötigt daher viel Platz und vor allem einen guten Halt, zum Beispiel durch einen Baum oder einen hohen Torbogen, den sie wunderschön berankt.

Pflege Die Triebe müssen regelmäßig gestützt oder aufgebunden werden, da sie nur dann wirklich wachsen können.

Bonica 82

Gruppe Moderne Rose, Beetrose

Herkunft Die Rose 'Bonica 82', auch bekannt unter den Namen 'Demon' oder 'Bonica Meidiland', stammt aus dem Jahre 1982 und wurde in Frankreich von Meilland vorgestellt.

Blüte 'Bonica 82' ist öfter blühend und blüht bis in den Herbst hinein. Die Blüten entwickeln sich aus rundlichen und kräftig rosa Knospen. Die hellrosa, gefüllten Blüten sind mit einem Lachston überhaucht und erscheinen in zahlreichen dichten Büscheln auf unterschiedlichen Ebenen. Sie duften nur schwach.

Charakter Die bis zu 60 cm hohe Rose wächst buschig, locker verzweigt und bedeckt den ganzen Boden. Das intensiv grüne Laub bietet schon vor der Blüte einen hübschen Anblick, der bis zum Frost erhalten bleibt. Die Rose gilt als sehr gesund, robust und frosthart. Nach schönen Sommern trägt sie zahlreiche Hagebutten.

Standort Die Rose fühlt sich nicht nur in voller Sonne, sondern auch im Halbschatten wohl und kann in Gruppen, Rabatten oder in Kübeln gedeihen. Sie eignet sich auch als niedrige Hecke und ist ebenfalls als Stammrose erhältlich.

Pflege Die sehr pflegeleichte Sorte sollte in keinem Garten fehlen und eignet sich auch für den, der mit Rosen kein Glück zu haben scheint.

Bordure nacrée

Gruppe Beetrose, Patiorose

Herkunft Im Jahre 1973 wurde die 'Bordure nacrée' von der französischen Rosenschule Delbard vorgestellt. Sie gilt als Veredelung der Rose *Rosa canina*.

Blüte Diese Rose ist öfter blühend und sehr blühfreudig. Die zahlreichen kleinen, dichtgefüllten Blüten erscheinen in Dolden und ragen über dem Busch empor. Sie bieten ein Farbspektrum, das von Gelb über zartes Rosa bis zu schwachem Aprikot reicht. Leider duften die Blüten kaum.

> **INFO** Es gibt zahlreiche, eng verwandte und ähnliche Sorten, wie 'Alison Wheatcroft', 'Prince Igor' oder 'Bordure Rose', die als ihre engste Schwester gilt.

Charakter Die 'Bordure nacrée' bildet einen nur 40–50 cm hohen Busch, der jedoch reich verzweigt ist. Die Blätter sind intensiv grün, sehr gesund und glänzend.

Standort Die Rose benötigt eine sehr sonnige Südlage um zu gedeihen. Sie kann in Beete und Rabatten gepflanzt werden, eignet sich aber auch für ganz kleine Gärten oder Balkone, da sie sich auch als Kübelpflanze wohl fühlt.

Pflege Die 'Bordure nacrée' ist gerne bereit, Pflegefehler zu verzeihen. Nur einen Mangel an Sonne nimmt sie etwas übel.

Bright Smile

Gruppe Beetrose, Floribundarose

Herkunft Diese Rose ist eine Züchtung der Rosenschule Dickson in Großbritannien aus dem Jahre 1981. Sie wird auch unter dem Namen 'Dicdance' gehandelt.

Blüte Die Pflanze blüht vom Sommer bis zum Herbst. Schlanke Knospen entwickeln sich zu etwa 8 cm großen, halbgefüllten, leuchtend gelben Blüten mit sichtbaren Staubfäden, die in Gruppen erscheinen. Sie duften herrlich angenehm und erinnern an die klassischen Teerosen.

Charakter Die 'Bright Smile' bleibt niedrig und wächst kompakt und ordentlich. Sie wird sehr buschig und etwa 45 cm hoch wie breit. Der gesamte Busch ist mit glänzendem und hübschem, hellgrünem Laub überzogen, das sich sehr gut von den Blüten abhebt.

TIPP *Die 'Bright Smile' bleibt lieber unter ihresgleichen und sollte daher nicht mit Stauden gemischt werden.*

Standort Diese Rose gedeiht nur an einem voll sonnigen Standort. Aufgrund ihrer Größe eignet sie sich ideal für kleine Gärten. In reinen Rosenbeeten fühlt sie sich besonders wohl. Auch in Kübeln gedeiht sie gut.

Pflege Etwas Aufmerksamkeit ist geboten, da die jungen Triebe gelegentlich von Mehltaupilzen befallen werden.

Charles Austin

Gruppe Englische Rose, Strauchrose

Herkunft Diese Rose ist eine Züchtung der britischen Rosenschule Austin. Sie wurde im Jahre 1973 vorgestellt. Benannt ist sie nach dem Vater des Züchters.

Blüte Die Rose gilt zwar als öfter blühend, blüht jedoch nicht immer nach. Die großen und sehr dicht gefüllten, rosettenförmigen Blüten zeichnen sich vor allem durch ihre außergewöhnliche Färbung aus. Sie erscheinen in zunächst rosafarbenen Dolden, die mit zunehmendem Alter der Blüte zu einem sanften Lachsrosa verblassen. Verführerisch verströmen die Blüten den wunderbaren Duft Alter Rosen.

Charakter 'Charles Austin' ist sehr wuchsfreudig und wächst rasch zu einem buschigen, aufrechten Strauch heran, der bei einer Breite von etwa 1,20 m bis zu 1,50 m hoch werden kann. Das Laub besitzt sehr große Blätter von matt mittel- bis dunkelgrüner Färbung.

TIPP *Pflanzen Sie nicht mehr als ein bis zwei Pflanzen pro Quadratmeter, da der einzelne Strauch sehr groß werden kann.*

Standort Die Pflanze gedeiht nur in voller Sonne. Am besten eignet sie sich für Rabatten und sollte in Gruppen gepflanzt werden. Zwar gedeiht sie auch als Solitär, sieht dann aber nicht so hübsch aus. Auf kleinen Balkonen und Terrassen kann sie auch in einen Kübel gepflanzt werden.

Pflege Ende März sollte die Pflanze bis auf etwa die Hälfte zurückgeschnitten werden.

TIPP

Der Rückschnitt

Der Rückschnitt ist sehr einfach. In Regionen mit relativ milden Wintern sind Januar und Februar die beste Zeit. Wo die Winter sehr kalt sind, sollte mit dem Rückschnitt bis zum Beginn des Neuaustriebs im Frühjahr gewartet werden. Zunächst sollten alle toten, kranken oder schwachen Triebe entfernt werden. Außerdem sollten alle sehr alten und holzigen Triebe, die keine neuen Triebe mehr hervorbringen, weggeschnitten werden. Dann werden die Rosen bis auf die Hälfte gekürzt.

Charles de Mills

Gruppe Alte Rose, Gallicarose

Herkunft Die genaue Herkunft dieser Rose ist nicht bekannt, fest jedoch steht, dass sie schon vor 1700 in den Niederlanden bekannt war. Die Namen 'Charles Mills', 'Charles Wills' oder 'Bizarre Triomphant' stehen für dieselbe Rose.

Blüte 'Charles de Mills' blüht einmal im Sommer, dafür aber über mehrere Wochen. Im Juni entwickeln sich aus den Knospen mit abgeflachter Spitze bis zu 8 cm große, dicht gefüllte, samtartige Blüten, die erst becherförmig und später flach und kissenförmig sind. Die Blüten erscheinen in

Büscheln und erstrahlen intensiv in einem leuchtenden Purpurrot, das vereinzelt auch scharlachrot gepunktet sein kann. Der Blütenrand trägt einen schmalen weißen Saum. Sie duften sehr angenehm und intensiv.

Charakter Die Pflanze bildet einen stark wachsenden, aufrechten Busch mit überhängenden Zweigen, der bis zu 1,20 m hoch und breit werden kann. Einzelne Triebe können eine Höhe von etwa 1,80 m erreichen. Die oft hängenden Triebe tragen nur wenige Stacheln und dunkelgrüne Blätter, die einen herrlichen Kontrast zu den roten Blüten bilden. Als größte Vertreterin der Gallicarosen wird sie oft als die perfekte Alte Gartenrose angesehen.

TIPP *Für Kochrezepte mit Rosenblüten sollten Sie die Blüten morgens pflücken, da die Sonne des Tages ihnen Duft und Aroma entzieht.*

Standort Die Pflanze fühlt sich im Halbschatten nicht recht wohl und sollte daher immer an einen sonnigen Standort gepflanzt werden. Sie gedeiht auch auf nährstoffarmen Böden, blüht auf humusreichem Grund aber sehr viel üppiger. Das leuchtende Rot der Blüten bringt Farbe in jeden Garten, vor allem, wenn sie als Strauchrose gepflanzt wird. Sie eignet sich aber auch für Hecken.

Pflege Die 'Charles de Mills' benötigt viel Platz für ihre Wurzel, damit sie kräftig wächst.

Compassion

Gruppe Kletterrose, Großblütige Rose

Herkunft Die 'Compassion' wurde 1973 von dem Briten Jack Harkness gezüchtet und nach einer englischen Wohlfahrtsorganisation benannt. Sie trägt noch einen weiteren Namen, der auch für ihre Schönheit steht: 'Belle de Londre'.

Blüte Diese Rose blüht den ganzen Sommer hindurch bis zum Herbst in dichter Folge. Die bis zu 12 cm großen, gefüllten Blüten erscheinen meist einzeln oder in Büscheln zu dreien auf langen Stielen. Der Grundton ist aprikosenfarben, wobei je nach Wuchssituation ein anderer Farbton vorherrscht: Am Anfang sind die Blüten hellrosa mit einem Hauch von Aprikot, später werden sie lachs- bis orangerosa mit silbrigem Glanz, kurz vor dem Verblühen wieder heller. Sie duften angenehm und sehr lieblich.

Charakter Die Kletterrose kann in warmen Regionen eine Höhe von 3 m erreichen. In kälteren Regionen bleibt sie meist unter 2 m. Sie wird bis zu 1,80 m breit. Sie ist dicht und dunkelgrün belaubt, wobei die Blätter recht groß und ausgesprochen robust sind. Die Triebe sind meist rot und dornig. Viele Auszeichnungen ehren diese robuste und widerstandsfähige Rose, die zu den zeitlosen Lieblingen der Rosenzucht gehört.

Standort Nur in voller Sonne kann diese Rose ihre ganze Pracht entfalten. Sie eignet sich hervorragend zum Beranken von Spalieren, Mauern und Zäunen. Durch Biegen der jungen Triebe können auch niedrige Hecken berankt werden.

Pflege Die robuste, weitgehend krankheitsresistente Pflanze kann auch einem Rosenneuling sehr viel Freude bereiten. Ohne große Ansprüche zu stellen, wächst sie sich zu einer der schönsten Kletterrosen aus, die auch als Schnittblume ins Haus geholt werden kann.

TIPP *Hat die Rose nach einem kalten Winter Frostschäden erlitten, kann man diese einfach durch Rückschnitt entfernen.*

Comte de Chambord

Gruppe Alte Rose, Portlandrose

Herkunft Diese Rose wurde im Jahre 1863 von den Züchtern Robert und Moreau in Frankreich vorgestellt.

Blüte Die 'Comte de Chambord' erblüht im Juni reichlich und blüht bis zum Herbst nach. Einzeln oder in Büscheln erscheinen große gefüllte Blüten an kurzen Stielen. Die bis zu 8 cm großen Blüten sind intensiv rosa und zeigen einen Stich ins Flieder- oder Lilafarbene. Sie entfalten sich aus einer hohen Mitte becherförmig, werden dann flach und schalenförmig. Ihr Duft ist intensiv und köstlich.

Charakter Die Pflanze wird etwa 1,20 m hoch, aber nur 60 cm breit und eignet sich so auch für kleine Gärten. Sie besitzt starke Triebe, die mit stark mit rötlichen Stacheln bewehrt sind. Die in einem hellen Graugrün schimmernden, gesägten Blätter haben einen feinen Flaum.

Standort Diese Rose benötigt eine sonnige Südlage, kommt aber auch auf sandigen, nährstoffarmen Böden gut zurecht. Am besten pflanzt man sie gruppenweise in Beete oder Rabatten. Auch für niedrige Hecken ist sie geeignet.

Pflege Diese Rose ist nicht sehr anspruchsvoll und dankt jede Zuwendung.

Comtesse de Murinais

Gruppe Alte Rose, Moosrose

Herkunft Die 'Comtesse de Murinais' wurde im Jahre 1843 von dem Züchter Vibert in Frankreich vorgestellt.

Blüte Einmal erblüht diese Rose im Frühsommer. Die Knospen sind zartrosa, haben ein fein strukturiertes Moos mit kleinen Borsten. Im Erblühen wechselt sie in ein blasses Elfenbeinweiß und öffnet sich schließlich zu großen, stark gefüllten, flachen, weißen, rosa überhauchten Blüten. Die Blüten verströmen einen angenehmen und intensiven Duft.

TIPP *Die weichen und biegsamen Triebe sollten unbedingt gestützt werden.*

Charakter Die gut frosthart Pflanze wächst aufrecht bis zu 1,80 m hoch. Die Zweige sind sehr biegsam und nur wenig bestachelt. Das Laub ist mittelgrün, matt und etwas runzelig. Das Moos ist dunkelgrün und verströmt bei Berührung einen kräftigen, nachhaltigen balsamischen Duft.

Standort Die 'Comtesse de Murinais' fühlt sich gleichermaßen in der Sonne wie im Halbschatten wohl, als Solitär wie in Gruppen.

Pflege Es handelt sich um eine dankbare, pflegeleichte Rose, die zwar nur kurz, aber sehr hübsch blüht.

Constance Spry

Gruppe Englische Rose, Strauchrose, Kletterrose

Herkunft Die 'Constance Spry' stammt aus Großbritannien und ist eine Züchtung David Austins aus dem Jahre 1961. Sie wird in Deutschland auch unter dem Namen 'Constanze Spry' gehandelt. Ihren Namen verdankt sie einer bekannten Floristin aus der Mitte des 20. Jahrhunderts.

Blüte Diese Rose blüht nur einmal im Juni-Juli, bringt dafür aber überreichlich lang anhaltende und bis zu 12 cm große, stark gefüllte, kugelförmige Blüten hervor. Sie sind blassrosa und in der Mitte dunkler. Sie stehen einzeln und duften kurioserweise angenehm nach Myrrhe.

Charakter Der buschige Rosenstrauch mit seinen bogig überhängenden Zweigen wächst ausladend und kräftig. Er kann eine Höhe von 3 m und eine Breite von 1,80 m erreichen. Das mittelgroße, graugrüne und matte Laub der robusten Rose ist sehr krankheitsfest und winterhart.

TIPP *Die stark wachsende Pflanze wird schnell zu üppig, daher sollte sie hin und wieder durch gezielten Rückschnitt verjüngt werden.*

Standort Sowohl in sonniger Südlage als auch an einem halbschattigen Standort kann diese Pflanze ihre Blütenpracht hervorbringen. Auch an den Boden stellt sie keine hohen Ansprüche und gibt sich auch mit nährstoffarmem Grund zufrieden. Man kann sie einzeln oder auch in Gruppen pflanzen, zum Beispiel hinter einer gemischten Rabatte. Es sollten jedoch nicht mehr als zwei Pflanzen auf einem Quadratmeter stehen. Aufgrund ihres ausladenden Wuchses kann sie aber auch als Solitärstrauch gezogen werden.

Pflege Die 'Constance Spry' kann mit einem entsprechenden Rankgerüst auch bis zu 4 m wachsen, muss dann aber regelmäßig abgestützt und angebunden werden. Außerdem empfiehlt es sich, die jungen Triebe anzubinden, da sie sonst unter der Last der riesigen Blüten leicht umknicken können.

Cottage Rose

Gruppe Englische Rose, Strauchrose

Herkunft Die Rose 'Cottage Rose' ist eine Züchtung aus der britischen Rosenschule Austin aus dem Jahre 1991.

INFO *Diese Rose besitzt nicht nur die Eigenschaften einer modernen Rose, sondern auch die typischen Merkmale einer Alten Gartenrose.*

Blüte Diese Rose blüht den ganzen Sommer hindurch bis in den Herbst hinein. Schon bald nach der Hauptblüte kommen die nächsten Knospen. Die gefüllten, becherförmigen Blüten leuchten in einem warmen Rosa. Die Rosette ist oft geviertelt. Die Blüten erscheinen in Dolden und sehen immer etwas unordentlich aus. Leider duftet die 'Cottage Rose' nur schwach.

Charakter Für eine Englische Rose bleibt der Strauch mit einer Höhe von ca. 90 cm recht niedrig und eignet sich so auch für kleine Gärten. Der zierliche Strauch wächst sehr buschig, und die Triebe tragen zahlreiche kräftige Dornen.

Standort Am besten gedeiht diese Rose an einem sonnigen Standort. Da sie klein bleibt, eignet sie sich hervorragend für kleine Beete oder Kübel.

Pflege Die 'Cottage Rose' lässt sich problemlos aus Stecklingen ziehen.

INFO

Es hat die Rose sich beklagt

Es hat die Rose sich beklagt,
Daß gar zu schnell der Duft vergehe,
Den ihr der Lenz gegeben habe –

Da hab ich ihr zum Trost gesagt,
Daß er durch meine Lieder wehe
Und dort ein ewiges Leben habe.

Friedrich von Bodenstedt (1819–1892)

Debutante

Gruppe Ramblerrose, Wichuraiana-Hybride

Herkunft Als Kreuzung der Rose 'Baroness Rothschild' mit der Rose 'Rosa wichuraiana' gab diese Rose im Jahre 1902 in der US-amerikanischen Rosenschule Walsh ihr Debüt.

Blüte In großen Büscheln erscheinen zahlreiche rosafarbene Blüten auf kurzen Stielen. Sie verströmen einen herrlichen, intensiven Duft nach Äpfeln. Leider verblassen die Blütenbüschel in der Sonne sehr schnell.

Charakter Diese Rose ist um vieles kräftiger als ihre berühmtere Verwandte 'Dorothy Perkins'. Sie kann als großer Strauch gezogen werden,

> **INFO** *Das Laub ist dank der Züchtung resistent gegen Mehltau.*

der eine Höhe von 4–5 m erreichen kann. Das Laub ist robust und glänzend dunkelgrün, so bildet es einen herrlichen Kontrast zu den rosafarbenen Blüten.

Standort Diese Rose stellt keine allzu hohen Ansprüche an ihren Standort, sollte aber ausreichend Platz haben. Mit einem Rankgerüst kann sie unansehnliche Mauern und Zäune verstecken.

Pflege Die 'Debutante' lässt sich leicht kultivieren, sollte jedoch immer wieder gezielt zurückgeschnitten und gezogen werden, damit sie ihre volle Höhe erreichen kann.

Della Balfour

Gruppe Großblumige Kletterrose

Herkunft Die Rosenschule Harkness stellte diese Rose im Jahre 1994 in Großbritannien vor. Sie verdankt ihren Namen der Ehefrau eines sehr bekannten Rosenliebhabers.

Blüte Die Rose hat eine Hauptblütezeit im Frühsommer, die Nachblüte fällt kaum noch üppig aus. Die großen Blüten dieser Kletterrose zeigen eine subtile Rosa- bis Orangetönung. Manchmal erinnert ihre Farbe an die von Pfirsichen. Sie sind gefüllt und haben große, feste Blütenblätter. Die Blüten erscheinen einzeln oder in kleinen Büscheln und verströmen einen ausgesprochen angenehmen, frischen Zitronenduft.

Charakter Die Rose 'Della Balfour' ist eine robuste, kräftige Pflanze, die aufrecht wächst und eine Höhe von ca. 3 m erreichen kann. Die Blätter sind sehr groß und leuchten dunkelgrün.

Standort Um zu gedeihen, benötigt die Rose einen sonnigen Standort. Auf nährstoffarmen Böden fällt die Blüte etwas ärmer aus. An Mauern und Säulen ist sie besonders dekorativ.

Pflege Auch Rosenneulinge können sich an dieser Rose erfreuen, da sie sehr robust ist. Wichtig sind aber vor allem der geeignete Standort und ein gelegentlicher Rückschnitt.

Dirigent

Gruppe Strauchrose

Herkunft Die Rose 'Dirigent' ist eine deutsche Züchtung aus der Rosenschule Tantau und wurde 1956 vorgestellt. Sie ging aus einer Kreuzung der Rosen 'Fanal' und 'Karl Weinhausen' hervor.

Blüte Die Pflanze ist öfter blühend und blüht den ganzen Sommer hindurch fast pausenlos. Die etwa 8 cm großen, schalenförmigen und blutroten Blüten sind halbgefüllt. Sie erscheinen in großen, dichten Büscheln, die manchmal mehr als 30 Einzelblüten tragen. Die Blüten bleiben sehr lange attraktiv und verblassen auch in praller Sonne nicht. Sie reinigen sich selbst. Ihr Duft ist nicht sehr ausgeprägt.

Charakter Der Strauch wächst mittelstark, sehr breitbuschig und aufrecht. Wenn er gestützt wird, kann er bei einer Breite von ca. 1 m eine Höhe von 1,50 m erreichen. Das Laub ist robust und ledrig. Mit seiner glänzend grünen Farbe bildet es den perfekten Hintergrund für die tiefroten Blüten. Die Pflanze ist sehr gesund und regenfest. Bei Bienen und Hummeln ist sie besonders beliebt.

Standort Die Rose liebt sonnige Standorte und kommt mit langen, heißen Perioden ebenso zu Recht wie mit längeren Niederschlägen. Sie sieht als Solitär oder auch in Gruppen gepflanzt immer gut aus. Als Hecke aber ist sie besonders empfehlenswert.

Pflege Die robuste Rose benötigt kaum Pflege. Für eine Hecke sollte man die Einzelpflanzen etwa 80 cm voneinander entfernt setzen. Als Hecke muss sie nicht zurückgeschnitten werden.

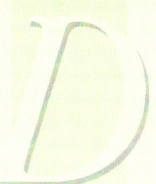

| INFO | Schon zwei Jahre nach ihrer Züchtung, im Jahr 1958, wurde die Rose mit dem ADR-Prädikat ausgezeichnet und ist heute noch ebenso beliebt wie früher. |

Dornröschen

Gruppe Strauchrose, Acicularis-Hybride

Herkunft Im Jahre 1960 entstand diese deutsche Rose. Sie wurde in der Rosenschule Wilhelm Kordes gezüchtet. Sie wird auch unter dem Namen 'Sleeping Beauty' gehandelt.

Blüte Diese Rose 'Dornröschen' blüht in der Regel einmal, und zwar in den Monaten Juni-Juli. Die etwa 8 cm großen Blüten sind gefüllt, ausgesprochen wohlgeformt und leuchten in Lachs bis Dunkelrosa. Die Rückseiten der Blütenblätter sind manchmal gelblich überhaucht. Die Blüten sitzen in großen Dolden zusammen.

TIPP	*Werden die Pflanzen nicht beschnitten, erscheinen im Herbst zahlreiche Hagebutten.*

Charakter 'Dornröschen' wächst nur mäßig, dafür aufrecht und buschig verzweigt. Sie bildet einen kompakten Busch von 1 bis 1,50 m Höhe wie Breite. Das Laub ist kräftig und gesund.

Standort Im Halbschatten gedeiht diese Pflanze nicht, daher sollte man unbedingt auf einen vollsonnigen Standort achten. Da sie nicht besonders groß wird, bietet sich 'Dornröschen' vor allem für kleinere Beete oder kleine Gärten an, wo sie als Einzelstrauch ein besonders hübsches Bild abgibt. Sie kann aber auch in Gruppen gepflanzt werden.

Pflege Diese Rose stellt keine allzu hohen Ansprüche, bedarf allerdings hin und wieder eines Rückschnittes, um gepflegt auszusehen. Nur als Hecke gepflanzt, benötigt sie keine Schnittmaßnahmen. Es sollte dann aber ein Pflanzabstand von ca. 2 m berücksichtigt werden.

INFO

Hagebutten
Die Hagebutte ist eine Frucht mit einem sehr hohen Vitamin-C-Gehalt. Man verwendet sie für Tee, Marmelade, Suppe, Honig, Wein und Likör. Bevor man die Hagebutten verarbeitet, muss man die Kelchreste und Haare entfernen. Die Kerne können nach dem Kochen oder Trocknen entfernt werden, indem man die Hagebuttenmasse durch ein Sieb streicht oder passiert. Es ist sehr mühsam, die Kerne aus der rohen Hagebutte zu entfernen. Für Tee nimmt man übrigens getrocknete Hagebutten.

Dortmund

Gruppe Großblumige Kletterrose, Strauchrose, Moderne Rose

Herkunft Die Rose entstand 1955 in der deutschen Rosenschule Wilhelm Kordes. Benannt wurde sie nach der nordrhein-westfälischen Großstadt, da sich in ihrem Westfalenpark das Deutsche Rosarium befindet.

Blüte Der Hauptblüte im Sommer folgen bis in den Herbst noch mehrere Nachblüten. Die einfachen, 7–9 cm großen Blüten öffnen sich schalenförmig und sind scharlachrot. Sie entwickeln sich aus spitzen, dunkelroten Knospen. In der Mitte der leicht gewellten Blütenblätter erscheint ein kleines weißes Auge. Die Blüten erscheinen in großen Büscheln und erwecken an der Kletterrose den Eindruck leuchtend roter Kaskaden mit weißen Herzen. Die Rose duftet jedoch nur leicht.

Charakter Diese sehr robuste, sehr frostharte und regenfeste Kletterrose kann an einem günstigen Standort eine Höhe von 4 m erreichen. Sie wächst aufrecht, wobei ihre Zweige bogig überhängen. Die Blätter haben wellige Ränder und leuchten dunkelgrün. Im Herbst bildet die Rose zahlreiche Hagebutten. Bereits im ersten Jahr ihrer Züchtung erhielt sie das ADR-Prädikat.

> **INFO** Verwelkte Blüten sollten regelmäßig entfernt werden, um die Nachblüte zu fördern.

Standort Die regenfeste Kletterrose verträgt halbschattige Standorte, fühlt sich aber auch in praller Hitze wohl. Außerdem toleriert sie auch nährstoffarme Böden. Sie kann als Solitär oder in Gruppen gepflanzt werden und eignet sich vor allem zur Berankung von Säulen, Pergolen, Mauern oder Rosenbögen, wobei pro Quadratmeter ein Exemplar gepflanzt werden sollte.

Pflege Als Kletterrose kann sie wild wachsen, sollte nur hier und dort angebunden werden. Da sie fast überall wächst und dank ihres kräftigen Wachstums und ihres robusten Laubes recht resistent gegen Pilzerkrankungen ist, ist sie auch für Rosenneulinge zu empfehlen.

Duc de Cambridge

Gruppe Alte Rose, Strauchrose, Damaszenerrose

Herkunft Die genaue Herkunft dieser großartigen Rose ist unbekannt, sicher ist nur, dass sie vor 1848 in Frankreich auftauchte. Bekannt ist sie auch unter dem Namen 'Duchesse de Cambridge'.

Blüte Diese Sorte ist einmalblühend. Die Blüten erscheinen zu mehreren in Dolden, sind dicht gefüllt, recht groß und leuchten in einem dunklen Purpur. Wahrscheinlich ist die 'Duc de Cambridge' die dunkelste Damaszenerrose überhaupt. Die Blüten verströmen einen angenehmen, aber nicht allzu starken Duft.

Charakter Der Rosenbusch wächst aufrecht und ausladend bis zu einer Höhe von 1,50 m. Das Laub ist recht üppig und treibt zunächst rötlich aus. Später dunkelt es nach. Die Triebe tragen viele bedrohlich wirkende Stacheln.

Standort An einem sonnigen Standort fällt die Blüte reichlicher aus. Die Strauchrose kann in Gruppen oder als Solitär gepflanzt werden.

Pflege Diese Rose stellt Ansprüche an ihren Gärtner und ist daher nicht unbedingt für Anfänger geeignet. Sie ist jedoch recht robust und wuchsfreudig.

Duchesse de Montebello

Gruppe Alte Rose, Gallicarose

Herkunft Die Rose 'Duchesse de Montebello' stammt aus Frankreich und ging im Jahre 1824/25 aus der Rosenschule Laffay hervor.

Blüte Diese Alte Rose blüht im Sommer üppig. Die Knospen blühen ballförmig auf mit stark gefüllten, mittelgroßen Blüten in Hell- bis Perlmuttrosa. Sie haben ein grünes Auge. Die Blüten erscheinen in großen Büscheln und duften leicht süßlich.

Charakter Der Busch wächst kompakt und aufrecht mit langen stark überhängenden Zweigen. Er kann bis zu 1,50 m hoch werden. Das Laub ist gesund und von graugrüner Farbe.

Standort Die 'Duchesse de Montebello' gedeiht auch im Halbschatten hervorragend und gibt sich selbst mit nährstoffarmen Böden zufrieden. Wird sie zu einer Hecke gezogen, wirkt sie besonders attraktiv. Aber auch als Kübelpflanze ist sie zu empfehlen.

Pflege Die recht robuste Pflanze ist an sich pflegeleicht, benötigt jedoch einen sensiblen Schnitt, um die Buschform zu verschönern.

Duftzauber 84

Gruppe Edelrose, Teehybride

Herkunft 'Duftzauber 84' wurde 1984 von Wilhelm Kordes gezüchtet. International ist sie auch unter den Namen 'Royal William', 'Fragrant Charme 84' und 'Leonora Christine' bekannt.

Blüte 'Duftzauber 84' blüht mehrfach den ganzen Sommer hindurch. Aus dunkelroten Knospen entwickeln sich wahrhaft rosenrote, samtig schimmernde Blüten, deren leuchtende Farbe auch in der Sonne nicht verblasst. Die Blüten werden 9 cm groß und sitzen meist einzeln an kräftigen Blütenstielen. Nur selten erscheinen sie in Gruppen. Sie verströmen einen betörenden, herrlichen Duft.

> **TIPP** *Die auf langen Stielen stehenden Blüten sind auch ausdauernde Schnittblumen.*

Charakter Die wuchsfreudige Rose kann eine Höhe von bis zu 1,20 m erreichen, bleibt meist aber etwas darunter. Dabei wirkt sie aufrecht und dennoch buschig verzweigt. Das gesunde und kräftige Laub leuchtet in einem matten Grün. Aufgrund ihrer überzeugenden Qualitäten hat die 'Duftzauber 84' bereits viele internationale Preise gewonnen.

Standort Die Pflanze benötigt einen sonnigen Standort und kann in großen oder kleinen Gruppen in Beete gepflanzt werden. Sie ist auch als Zierstamm erhältlich und gedeiht dann wunderbar in einem Kübel.

Pflege Das Laub ist resistent gegen Pilzbefall, was die Pflege enorm erleichtert. Auch verfügt die Pflanze über perfekte Selbstreinigungskräfte, da verwelkte Blüten restlos abfallen.

TIPP

Gebackene Rosen

Zutaten: 80 g Mehl, 250 ml Wasser, Salz, 3 Eier getrennt, 125 ml Weißwein, 16 Rosenblüten, Fett zum Ausbacken, Zucker

Zubereitung: Mehl, Wasser und Salz zu einem glatten Teig rühren. Eigelb und Wein zugeben und gut verquirlen. Das Eiweiß steif schlagen und unterziehen. Die Rosenblüten säubern, durch den Teig ziehen und in dem heißen Fett ausbacken. Mit Zucker bestreuen und servieren.

Easy Going

Gruppe Beetrose, Floribundarose

Herkunft Die Beetrose 'Easy Going' stammt aus der Rosenschule Harkness in Großbritannien und wurde im Jahre 1998 vorgestellt.

Blüte Nach der ersten Hauptblüte blüht diese Rose bis in den Herbst hinein immer wieder nach. Die gefüllten, ca. 7 cm großen Blüten öffnen sich becherförmig aus schlanken, eleganten Knospen und leuchten gelb

bis aprikotfarben. Auch in praller Sonne verblassen die Blüten nicht. Sie sitzen in gut verteilten Büscheln zusammen und erscheinen dicht über dem Laub, ohne jedoch von diesem verdeckt zu werden. Die leicht gewellten Blüten verströmen einen sehr angenehmen Duft.

Charakter Der kräftige Strauch wird breitbuschig und bis zu 80 cm hoch. Das robuste Laub erscheint sehr zahlreich, ist zunächst hellgrün, wird aber mit zunehmendem Alter dunkler. Es ist resistent gegen Pilzkrankheiten aller Art. Auch aus diesem Grund wurde die Rose mehrfach ausgezeichnet.

Standort 'Easy Going' ist vor allem für Beete oder Gruppenpflanzungen geeignet. Da sie nicht sonderlich groß wird, passt sie hervorragend in kleinere Gärten oder Kübel, in denen sie auch als Hochstamm gezogen werden kann und zu einem Blickfang auf jeder Terrasse oder jedem Balkon wird. Wichtig ist für sie nur, dass sie einen wirklich sonnigen Standort genießen kann.

Pflege Diese ausnehmend schöne Beetrose ist krankheitsresistent und dadurch auch pflegeleicht und für Rosenneulinge zu empfehlen.

INFO *Manchmal erscheinen einige Blüten auch in leuchtendem Orange, was auf einen Vorfahren der 'Easy Going', die nicht mehr lieferbare 'Living Easy', zurückgeht. Dies wird als Umkehrmutation bezeichnet.*

Elmshorn

Gruppe Strauchrose

Herkunft Die aus Deutschland stammende Rose 'Elmshorn' ist eine Züchtung der Rosenschule Wilhelm Kordes aus dem Jahre 1951. Benannt wurde sie nach der norddeutschen Kleinstadt Elmshorn bei Hamburg, dem damaligen Firmensitz der Rosenschule.

> **TIPP** *Auf Rasenflächen bildet die 'Elmshorn' einen dauerhaften Farbtupfer.*

Blüte Den ganzen Sommer und Herbst über erscheinen die nicht sehr großen, aber dafür zahlreichen Blüten. Die kleinen, gefüllten, pomponförmigen Schalenblüten in dunklem Pink erscheinen in großen wohlgeformten Dolden. Die Nachblüte im Herbst, die an langen überhängenden Trieben entsteht, bringt dunkler und intensiver getönte Blüten hervor. Einzeln betrachtet sind sie nicht spektakulär, doch ein Busch in voller Blüte ist eine Augenweide. Die Blüten haben einen nur leichten Duft.

Charakter Der breitwüchsige, kräftige Strauch kann bei einer Breite von ca 1,50 m eine Höhe von etwa 2 m erreichen. Das gesunde, üppige Laub ist runzlig, glänzend hellgrün und wie die Blüten eher klein, aber erstaunlich resistent gegen Pilzkrankheiten. Die 'Elmshorn' gehörte in den 1960er-Jahren zu den beliebtesten Rosen und war die erste Rose, die das ADR-Prädikat erhielt.

Standort Diese Strauchrose gedeiht nicht nur in der Sonne, sondern fühlt sich auch im Halbschatten wohl. Außerdem toleriert sie auch nährstoffarme Böden. Sie kann als Solitär oder in kleinen Gruppen gepflanzt werden und eignet sich auch für Hecken. Als Stammrose ist sie auch im Kübel erhältlich.

Pflege Die robuste, pflegeleichte und krankheitsresistente Rose wird vielfach angeboten und ist ideal für „wildere" Gärten oder für Anfänger. Problemlos verzeiht sie Pflegefehler und kommt auch mit wenig Beachtung zurecht.

Erfurt

Gruppe Strauchrose, Moschushybride

Herkunft Diese Rose wurde 1939 von der Rosengärtnerei Kordes in Deutschland gezüchtet.

Blüte Die öfter blühende Sorte blüht die gesamte Saison hindurch. Aus attraktiv aufgerollten Knospen entwickeln sich einzeln erscheinende Blüten. Sie sind einfach und locker aufgebaut. Die Färbung ist leuchtend rosa, zur Mitte hin weiß-gelb, mit hervorstehenden, braunen Staubgefäßen. In der Sonne verblasst die Farbe jedoch schnell. Die Blütengröße entspricht etwa der durchschnittlicher Floribundarosen. Die Blüten verströmen einen deutlichen Moschusduft.

Charakter Der kräftig wachsende, buschige Strauch bildet viele überhängende Zweige. Er erreicht bei einer Breite von etwa 1,20 m eine Höhe von ca. 1,50 m. Der Strauch trägt sehr hübsches, gesundes, ledriges Laub. Die jungen Blätter sind zunächst bronzefarben und verfärben sich später glänzend dunkelgrün. Schon nach der ersten Blüte bilden sich Hagebutten, die monatelang am Strauch bleiben, während dieser weiterhin blüht. Die robuste Sorte verströmt den Charme der Wildrosen und hat trotz ihres Alters nichts an Beliebtheit verloren.

Standort Im Halbschatten kann die Pflanze ebenso gedeihen wie in praller Sonne. Auch weniger nährstoffreiche Böden werden von ihr toleriert. Sie eignet sich nicht nur als Einzelpflanze, sondern kann auch in Gruppen gepflanzt werden. Auch eignet sie sich für die Bildung einer Hecke.

Pflege Diese Sorte ist sehr robust und stellt weder an die Pflege noch an den Standort hohe Anforderungen. Es ist jedoch empfehlenswert, verwelkte Blüten zu entfernen, sodass sie rascher nachblüht.

INFO *Die leuchtend orangefarbenen Hagebutten werden von den Vögeln verschmäht und eignen sich sehr gut zu Dekorationszwecken.*

Erotika

Gruppe Edelrose, Teehybride

Herkunft Diese Rose stammt aus der deutschen Rosengärtnerei Tantau und wurde 1968 gezüchtet. Sie ist auch unter den Namen bzw. Schreibweisen 'Eroica', 'Eroika' oder 'Erotica' bekannt.

Blüte Den ganzen Sommer und Herbst hindurch bildet diese Sorte neue Blüten. Aus dunkelroten Knospen entwickeln sich edle, samtrote und mit einem Durchmesser von 12 cm sehr große, gefüllte Blüten, deren äußere Blütenblätter sich geschmeidig nach außen biegen. Die Blüten verströmen einen intensiven, würzigen Duft.

Charakter Aufrechter Strauch bis ca. 80 cm Höhe. Er trägt kräftige, große, krankheitsresistente Blätter, die anfangs rot sind, später dunkelgrün.

Standort Die Pflanze benötigt einen sonnigen Standort. Die elegante Teerose schmückt jedes Beet und sollte in Gruppen gepflanzt werden. Sie kann aber auch als Stammrose in einem Kübel gezogen werden.

Pflege Die robuste, krankheitsfeste und winterharte Rose kann auch Rosenneulingen Freude machen. Für eine flächendeckende Bepflanzung sollte der Pflanzabstand etwa 40 cm betragen.

Eugène Fürst

Gruppe Alte Rose, Remontantrose

Herkunft Die 'Eugène Fürst' wurde 1875 von Soupert und Notting in Frankreich gezüchtet. Sie ist auch unter dem Namen 'General Korolkov' bekannt.

Blüte 'Eugène Fürst' ist sehr blühfreudig und blüht vom Frühling bis in den Herbst, wobei die herbstlichen Nachblüten noch schöner sind. Die großen, gefüllten, rundlichen Blüten öffnen sich becherförmig und leuchten in einem intensiven Karmin- bis Purpurrot. Sie duften sehr angenehm.

Charakter Der wuchsfreudige Strauch wächst aufrecht und kann eine Höhe von ca. 1,50 m erreichen. Er ist üppig und attraktiv belaubt.

Standort Dieser große Rosenbusch benötigt einen sonnigen, humusreichen und luftigen Standort und kann in Gruppen wie einzeln gepflanzt werden. Auch als Hecke ist er sehr attraktiv..

Pflege Die robuste Rose ist eigentlich von guter Gesundheit und damit nicht sehr schwierig in der Pflege. Doch die Blätter sind anfällig für Mehltau und sollten daher beobachtet werden. Düngen Sie nur mit stickstoffarmen Präparaten.

Flair Play

Gruppe Strauchrose, Flächenrose

Herkunft Diese Rose wurde 1977 in den Niederlanden von der Rosengärtnerei Ilsink vorgestellt.

Blüte Diese Sorte ist öfter blühend, wobei die Hauptblüte auch die üppigste ist. Die einfachen bis halbgefüllten, becherförmigen und etwa 7 cm großen Blüten erscheinen aus korallenroten Knospen in großen Dolden am Ende der Zweige. Sie leuchten orange- bis karminrot, haben ein weißes Auge und zeigen gelbe Pollen. Sie verströmen einen nur leichten Duft.

Charakter Mit langen und überhängenden Zweigen wächst die kleine, robuste Strauchrose sehr breitbuschig. Sie wird höchstens 1,50 m hoch, aber mindestens 1 m breit. Das kleinblättrige, dunkel- bis bronzegrüne Laub hängt sehr lange an den Zweigen und bildet einen schönen Hintergrund für die Blüten.

TIPP Wählen Sie diese Rose für größere Flächen, die wenig Arbeit machen und schnell zuwachsen sollen.

Standort 'Fair Play' gedeiht am besten in voller Sonne. Für eine echte Bodendeckerrose ist sie etwas zu hoch, kann aber wunderbar zum flächendeckenden Bepflanzen und Befestigen von Böschungen und Hängen verwendet werden. Auch als kleine Strauchrose schmückt sie jedes Gartenbeet.

Pflege Die Rose ist robust und sehr pflegeleicht. Auch Rosenneulingen dankt sie mit ihrer Pracht, wenn sie an einem günstigen Standort steht.

INFO
Die Rose sprach
Die Rose sprach zum Mägdelein:
Ich muß dir ewig dankbar sein,
daß du mich an den Busen drückst
und mich mit deiner Huld beglückst.

Das Mägdlein sprach: O Röslein mein,
bild' dir nur nicht zuviel drauf ein,
daß du mir Aug und Herz entzückst.
Ich liebe Dich, weil du mich schmückst!

Wilhelm Busch (1832–1908)

Fantin-Latour

Gruppe Alte Rose, Zentifolie

Herkunft Ihre Abstammung ist unbekannt, vermutlich entstand sie jedoch erst um 1900. Benannt wurde sie nach dem berühmten französischen Maler Henri Fantin-Latour.

Blüte Diese Alte Rose blüht nur einmal im Juni, dafür aber mit einer sehr attraktiven Färbung und äußerst hübschen Blüten. Die dicht gefüllten, schalenförmigen und etwa 8 cm großen Blüten mit den nach unten geschwungenen äußeren Blütenblättern leuchten in einem Blassrosa, das mit einem Hauch von Lila überzogen ist. Die Blüten verströmen einen äußerst intensiven, aber milden Duft.

Charakter Der Rosenstrauch wächst mit gleichmäßigen Verzweigungen und kann bei einer Breite von ca. 1,20 m auch ebenso hoch werden. Ohne Rückschnitt allerdings kann er bis zu 3 m wachsen. Stacheln besitzt die Zentifolie kaum. Das Laub ist üppig und graugrün. 'Fantin-Latour' weist auch Merkmale der Gallica- und Chinarosen auf – leider jedoch nicht die mehrmalige Blüte. Dank ihres atemberaubenden Duftes sind die Blüten auch für kulinarische Zwecke sehr gut geeignet.

INFO *Der französische Maler Henri Fantin-Latour (1836–1904) wurde vor allem durch seine Stillleben und Blütenbilder berühmt, die meist Alte Rosen als Motiv besaßen.*

Standort Diese Rose fühlt sich sowohl an einem sonnigen Standort als auch im Halbschatten wohl. Auch auf sandigen Böden gedeiht sie noch gut. Warmes, trockenes Wetter kann sie gut vertragen, bei einer kälteren Witterung aber wird sie größer und ist auch weniger anfällig für Mehltau. Sie kann als Solitärstrauch oder in einer Gruppe gepflanzt werden und eignet sich hervorragend für romantische Gärten. Auch als Hecke gibt sie ein schönes Bild ab.

Pflege Die Rose sollte direkt nach der Blüte zurückgeschnitten werden. So werden im Folgejahr mehr Blüten gebildet.

Ferdinand Pichard

Gruppe Alte Rose, Remontantrose

Herkunft 'Ferdinand Pichard' wurde 1821 von der Rosengärtnerei Tanne in Frankreich vorgestellt.

Blüte Diese Rose blüht unermüdlich bis in den Herbst. Die becherförmigen, bis 10 cm großen Blüten sind dunkelrosa, hellrosa, fast weiß gestreift und verfärben sich mit dem Alter in ein dunkles Purpur. Starke Hitze kann die Blüten allerdings beschädigen. Die meist in Büscheln erscheinenden Blüten verströmen einen ausgeprägten Duft.

Charakter Kräftiger, hoch aufrecht wachsender Busch, der bis zu 1,50 m hoch wie breit werden kann. Das Laub ist weich und hellgrün. Diese jüngste Remontantrose blüht sehr reich und ist ausgesprochen robust.

Standort Die sonnenverträgliche Pflanze gedeiht auch im Halbschatten. Sie kann als Solitär oder in Gruppen gepflanzt werden.

Pflege Drückt man die Triebe waagerecht zum Boden herab, bildet die Rose zahlreiche Blüten an kurzen Stielen. Als Hecke kultiviert, muss sie gut gedüngt und regelmäßig ausgeputzt werden.

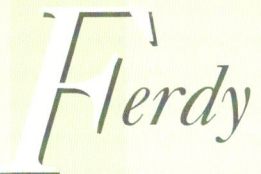

Ferdy

Gruppe Strauchrose, Bodendeckerrose

Herkunft Diese Rose stammt aus Japan und wurde 1984 von der Rosenschule Suzuki/Keisei gezüchtet. Sie ist ebenfalls mit der Schreibweise 'Ferdi' im Handel.

Blüte 'Ferdy' blüht nur einmal im Spätfrühling. Die schalenförmigen, etwa 4 cm großen Blüten sind gefüllt und haben eine kräftige lachsrosa Farbe, die Mitte aber bleibt gelb. Leider verblassen die Blüten zu einem schmutzigen Rosa und duften kaum.

Charakter 'Ferdy' wächst sehr breitbuschig und dicht verzweigt. Die langen Triebe sind dicht bestachelt, hängen weit über und bedecken den Boden. Das fiederförmige Laub ist üppig, dunkelgrün und besonders krankheitsfest.

Standort Die Rose gedeiht sowohl an einem sonnigen als auch an einem halbschattigen Standort. Da die Triebe bogenförmig wachsen, ist sie nicht nur als Bodendeckerrose, sondern auch als Kaskadenrose geeignet. Man kann sie auch in einen Kübel pflanzen.

Pflege Die robuste Rose ist pflegeleicht, da sie resistent gegen Mehltau oder Sternrußtau ist. Die Blüten entwickeln sich eng an den Trieben des Vorjahres, daher sollte die Rose auch nicht zurückgeschnitten werden.

Flammentanz

Gruppe Großblumige Kletterrose

Herkunft Die deutsche Rose 'Flammentanz' wurde 1955 von der Rosengärtnerei Wilhelm Kordes vorgestellt. Sie ist ebenfalls unter dem Namen 'Flame Dance' erhältlich.

Blüte Diese Rose blüht nur einmal, dafür aber reichlich. Die dicht gefüllten, sehr großen feuerigroten Blüten mit hoher Mitte erscheinen in großen Büscheln. Auch die älteren Blüten behalten ihre leuchtende Farbe bei. Während der Blüte liegt ein angenehmer, aber mäßiger Duft in der Luft.

TIPP   *Viele Gärtner empfehlen einen freien Standort, da 'Flammentanz' am schönsten blüht, wenn sie für ihre Entwicklung ausreichend Platz hat.*

Charakter Die stark wachsende Rose kann eine Höhe von 5 m erreichen, wobei sich die Zweige überhängend bilden. Die jungen Triebe und ledrigen Blätter leuchten grasgrün, ein wenig kupferfarben überhaucht und sind sehr robust. Ihrer robusten Natur und dem herrlichen Flor verdankt die Rose das ADR-Prädikat.

Standort Diese Kletterrose gedeiht sowohl in voller Sonne als auch im Halbschatten. Auch Höhenlagen toleriert sie. Man kann sie als Bodendecker in Gruppen oder einzeln als Strauchrose pflanzen. Ohne Anlehnung bleibt sie auf dem Boden und wächst flächendeckend. Als Kletterhilfen dienen ihr Mauern, Zäune oder kräftige Rosenbögen. Sie ist auch als Stammrose erhältlich und gedeiht in Kübeln.

INFO   **Feuerrose**
Dank ihres kräftigen und starken Wuchses kann diese feurig blühende Rose wie eine Flamme schnell ein ganzes Haus verschlingen. Daher wurde sie vom Züchter auch als 'Flammentanz' bezeichnet.

Pflege Die Pflanze ist sehr frosthart und gesund, was die Pflege natürlich vereinfacht. Hin und wieder sollte sie während ihres Wachstums bogenförmig oder waagerecht angebunden werden, damit sich mehr Seitentriebe bilden.

Fleurette

Gruppe Strauchrose, Flächenrose

Herkunft Diese Rose stammt aus der Rosenschule Ilsing/Interplant und wurde im Jahre 1977 gezüchtet.

Blüte Die Sorte ist öfter blühend. Die etwa 5 cm großen Blüten erscheinen in lockeren Dolden an der Spitze der Triebe. Sie bestehen aus nur fünf Blütenblättern, die außen in einem Lachs- bis Karminrosa gefärbt, in der Mitte dagegen heller und fast weiß sind. In der Sonne verblassen sie oft zu einem sehr hellen Rosa. Die Blüten sind fast geruchlos.

Charakter Die robuste Rose wächst breit ausladend mit überhängenden Zweigen und stark verzweigt. Sie kann bis zu 1 m hoch und ebenso breit werden. Im Herbst beleuchten orangefarbene Hagebutten den Busch.

Standort Um wirklich gut zu gedeihen, benötigt diese Pflanze einen voll sonnigen Standort. Dann verträgt sie auch Regen und Kälte. Größere Flächen und Böschungen begrünt sie besonders attraktiv. Man kann sie aber auch in Beeten mit Stauden kombinieren.

Pflege Die wetterfeste Rose stellt keine besonders hohen Ansprüche an die Pflege. Ein großer Vorteil ist, dass sie sich selbst reinigt, weil verwelkte Blüten restlos abfallen.

Flirt

Gruppe Strauchrose, Beetrose

Herkunft Die Rose ist im Jahr 2000 als eine Gemeinschaftsproduktion der Rosenschulen Koopmann und Kordes entstanden.

Blüte Die Blüten erscheinen die ganze Saison hindurch in lockeren Blütenbüscheln. Sie sind mittelgroß, locker gefüllt und dunkelviolett. Die Blütenblätter wirken mit ihren rundlichen Lappen am Rand wie gesägt. Zur Mitte hin werden die Blüten heller bis fast weiß und zeigen die gelben Staubgefäße. Sie duften kaum.

Charakter Es handelt sich um einen dicht verzweigten und sehr kompakten Strauch von ca. 70 cm Höhe und 80 cm Breite. Das Laub ist sehr dicht und besteht aus glänzenden, olivgrünen Blättern. Die Rose ist bei Bienen und anderen Insekten sehr beliebt.

Standort Die Rose gedeiht in sonniger Südlage am besten. Man kann sie als Solitär oder in Gruppen pflanzen. Sie ist auch als Hecke geeignet.

Pflege Diese Rose nimmt Pflegefehler nicht übel und kann daher auch von Anfängern kultiviert werden. Hin und wieder sollte sie gedüngt werden, um den Blütenreichtum zu fördern.

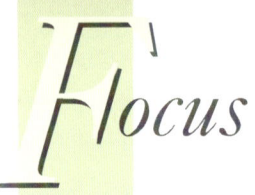

Focus

Gruppe Großblumige Beetrose, Edelrose

Herkunft Diese deutsche Rose wurde 1997 in der Rosengärtnerei Noack gezüchtet.

Blüte 'Focus' blüht in mehreren Schüben und jedes Mal reichlich. Aus spitzen, orangefarbenen Knospen entwickeln sich ca. 10 cm große, dicht gefüllte Blüten in einem reinen Lachsrosa. Sie erscheinen in Dolden zu drei bis sechs Einzelblüten, die leider nicht duften.

Charakter Die sehr robuste und winterharte Beetrose wird nur ca. 70 cm hoch, wächst dafür aber buschig und aufrecht. Die Blätter sind groß, dunkelgrün und sehr glänzend. Bis weit in den Herbst hinein bleiben sie an den Trieben hängen und bilden einen wunderschönen Hintergrund für die rosafarbenen Blüten. Zudem sind sie ausgesprochen krankheitsresistent. Die Triebe haben recht viele große bernsteinfarbene Dornen. Die Rose trägt die international höchste Auszeichnung: die „Goldene Rose".

TIPP *Für eine flächendeckende Bepflanzung sollten Sie drei bis vier Exemplare pro Quadratmeter einplanen.*

Standort 'Focus' benötigt einen voll sonnigen Standort. Sie ist die ideale Rose für Beete und Rabatten und kann in Gruppen oder einzeln gepflanzt werden. Sie ist aber auch als Hochstamm erhältlich und kann so in einem Kübel kultiviert werden.

Pflege Da Mehltau und Rußtau dieser Rose nichts anhaben können, ist sie leicht in gesundem Zustand zu halten und auch für diejenigen geeignet, die sie gerne sich selbst überlassen möchten.

TIPP

Schnittblumen
Diese Rose ist auch Schnittblume zu empfehlen. Größere und schönere Blüten, die auch an längeren Stielen heranreifen, erhalten Sie, wenn Sie die Seitentriebe regelmäßig entfernen. Dadurch blüht der Busch zwar nicht so reichlich auf, die Einzelblüten aber werden kräftiger.

Freisinger Morgenröte

Gruppe Großblumige Strauchrose

Herkunft Diese Rose ist eine Züchtung der deutschen Rosenschule Wilhelm Kordes und stammt aus dem Jahre 1988. Sie ist ebenfalls unter den Namen 'Morgenröte' und 'Sunrise' bekannt.

Blüte Die Pflanze erblüht in der ersten Sommerhälfte öfter. Die sehr großen und in dichten Büscheln erscheinenden Blüten sind halbgefüllt und orange bis hellrot gefärbt. In der Mitte werden die Staubgefäße sichtbar. Die Blüten duften sehr intensiv.

TIPP *Vor einem dunklen Hintergrund erscheint die herrliche Färbung der Blüten noch effektvoller.*

Charakter Der locker verzweigte Rosenstrauch wächst sehr stark, kompakt und breitbuschig. Er kann eine Höhe von ca. 1,50 m erreichen und wird dabei ebenso breit. Das Laub ist kleinblättrig und mittelgrün, dabei sehr kräftig und glänzend.

Standort Nur an einem sonnigen Standort kann diese robuste Rose ihre volle Pracht entfalten. In Gruppen gepflanzt eignet sie sich vor allem für große, repräsentative Gärten. Aber auch als Einzelstrauch wirkt sie besonders dekorativ.

Pflege Wenn Sie die verwelkten Blüten entfernen, kann die ansonsten eher schwache Nachblüte etwas stärker ausfallen.

TIPP

Johannisbeeren in Rosenrotwein
*Zutaten: 15 Duftrosenblüten, 100 g Zucker,
1 Päckchen Vanillinzucker, 1 l Rotwein,
1 kg rote Johannisbeeren, 250 g Zucker,
1 Päckchen Vanillinzucker*

Zubereitung: Die Rosenblütenblätter waschen und trockentupfen. Mit Zucker und Vanillinzucker in einen Kochtopf geben. Den Rotwein zugießen und bis zum Siedepunkt erhitzen. Den Topf vom Herd nehmen und die Flüssigkeit abseihen. Johannisbeeren, Zucker und Vanillinzucker in eine Schüssel geben, vermischen und abdecken. Das Ganze etwa 2 Stunden durchziehen lassen. Etwa 1/4 l Rosenrotwein erhitzen (den Rest im Kühlschrank aufbewahren) und heiß über die Johannisbeeren gießen.

Friesia

Gruppe Beetrose, Floribundarose

Herkunft Diese Rose entstand 1973 in der deutschen Rosenschule Wilhelm Kordes. Ihren Namen verdankt sie der Heimat des Züchters, dem norddeutschen Friesland. International ist sie auch unter den Namen 'Sunsprite' oder 'Korresia' bekannt.

Blüte 'Friesia' blüht reichlich vom Frühsommer bis in den Herbst. Aus spitzen Knospen entwickeln sich halbkugelige, recht große, goldgelbe, gefüllte Blüten, die auch im Verwelken ihre Farbe behalten. Von Nachblüte zu Nachblüte, die rasch aufeinander folgen, wird die Färbung blasser. In der Mitte zeigt die Blüte ihre gelben Staubgefäße. Die Blüten erscheinen einzeln oder in kleinen Gruppen und duften sehr angenehm, außerdem kann auch starker Regen ihrer Pracht nichts anhaben.

Charakter Der stämmige, zu den besten Beetrosen zählende Rosenstrauch wird um die 60 cm hoch, wächst dabei buschig aufrecht und ist kräftig verzweigt. Das Laub ist üppig, dunkelgrün und stark glänzend. Die Rose ist ausgesprochen robust und gilt als krankheitsresistent. Auch aus diesem Grund erhielt sie noch im Jahr ihrer Züchtung das ADR-Prädikat.

Standort 'Friesia' benötigt, auch wenn sie wetterfest ist, einen Platz an der Sonne. Die frostharte Sorte toleriert auch arme Böden und Hitze. Sie lässt sich gut mit Stauden vergesellschaften und ist als Solitär oder auch in Gruppen in Beete und Rabatten gepflanzt sehr dekorativ. Sie ist aber auch als Hochstamm erhältlich und verziert in einem Kübel Terrasse oder Balkon.

Pflege Diese Rose ist sehr robust und kann daher auch Anfängern große Freude machen, wichtig ist nur, dass sie in der Sonne steht. Dann verzeiht sie auch gröbere Pflegefehler und kommt sogar im Sommer schon mal ohne Wasser aus. Auch wenn sie sich selbst reinigt, kann ein regelmäßiges Ausputzen die Nachblüte beschleunigen.

INFO
Vorsicht!
Rußtau kann dieser ansonsten krankheitsresistenten Pflanze noch gefährlich werden, allerdings wächst sie dennoch weiter.

Frühlingsduft

Gruppe Strauchrose, Pimpinellifolia-Hybride

Herkunft Der deutsche Rosenzüchter Wilhelm Kordes stellte im Jahr 1949 diese Rose vor. Sie ist auch unter dem Namen 'Spring Fragrance' bekannt geworden.

Blüte Leider blüht diese Sorte nur einmal im Frühsommer. Aus goldgelben Knospen entfalten sich sehr große, gefüllte, cremegelbe Blüten, die mit einem zarten Rosaton überhaucht sind. Die Blüten stehen in dichten Büscheln und öffnen sich becherförmig. Sie duften sehr intensiv.

Charakter Der Strauch erreicht eine Höhe von ca. 2,50 m und wird wegen der überhängenden Triebe mindestens genauso breit. Der Strauch trägt leuchtend grünes, großblättriges, gewelltes Laub.

Standort Die robuste Rose fühlt sich auch im Halbschatten wohl und toleriert selbst nährstoffärmere Böden. Man kann sie sowohl als Solitär wie auch in Gruppen pflanzen. Letzteres ist jedoch wegen des kräftigen Wuchses eher in öffentlichen Gärten oder Parks zu empfehlen.

Pflege Die Rose 'Frühlingsduft' ist robust und pflegeleicht. Neben ausreichendem Platz stellt sie so gut wie keine Anforderungen an den Gärtner.

Frühlingsmorgen

Gruppe Strauchrose, Pimpinellifolia-Hybride

Herkunft Auch diese Rose stammt von dem deutschen Rosenzüchter Wilhelm Kordes, der sie im Jahr 1941 vorstellte. International ist sie unter dem Namen 'Spring Morning' bekannt.

Blüte Im Frühling erscheint ein üppiger Blütenflor, im Sommer und Herbst folgt eine schwächere Nachblüte. Die großen Blüten haben eine zartgelbe Mitte mit einem kirschrosa Rand. In den weit geoffneten Blüten sind die rotbraunen Staubgefäße sichtbar. Der Duft ist angenehm.

Charakter 'Frühlingsmorgen' ist weniger wüchsig als andere Sorten der 'Frühling'-Gruppe, weshalb sie sich eher für Gärten eignet und nicht so häufig in Parks anzutreffen. Die Pflanze bildet einen offenen Strauch mit langen Trieben und graugrünem Laub.

INFO *Im Herbst erscheinen große rotbraune Hagebutten.*

Standort Diese Sorte benötigt nicht zwingend einen sonnigen Standort, sondern gedeiht auch im Halbschatten sehr gut. Sie eignet sich einzeln oder in Gruppen für Beet- oder Rabattbegrenzungen.

Frühlingszauber

Pflege Die Rose ist sehr anspruchslos und benötigt nur wenig Aufmerksamkeit. Sie toleriert auch nährstoffärmere Böden.

Gruppe Strauchrose, Pimpinellifolia-Hybride

Herkunft Im Jahre 1942 züchtete Wilhelm Kordes diese Rose aus der 'Frühling'-Serie.

Blüte Sie blüht nur einmal im Mai, dafür aber reichlich. Aus den silbrigen Knospen entwickeln sich mittelgroße, halbgefüllte, karminrosa Blüten, die sich schalenförmig öffnen und eine weiße Mitte mit Staubgefäßen erkennen lassen. Sie duften nur wenig.

> **INFO** *Viele Rosen der 'Frühling'-Sorten sind nur noch schwer erhältlich.*

Charakter Auch diese frostharte Rose wird mit einer Höhe von 2 m größer als eine normale Strauchrose. Sie wächst sehr offen und aufrecht. Die langen, dünnen Triebe tragen kleine mittelgrüne Blätter und sind mit ebenfalls kleinen Stacheln bewehrt.

Standort Am besten gedeiht die Rose an einem sonnigen Standort. Auf nährstoffärmeren Böden fällt die Blüte weniger üppig aus. In großen Gärten kann sie auch in Gruppen gepflanzt werden.

Pflege Die genügsame und robuste Rose kann auch als Kletterpflanze zum Beranken von Wänden und Zäunen genutzt werden. Allerdings benötigt sie dann jährlich einen gezielten Rückschnitt.

Gärtnerfreude

Gruppe Beetrose, Flächenrose

Herkunft Die Rose 'Gärtnerfreude' wurde im Jahr 1999 von der deutschen Rosenschule Wilhelm Kordes vorgestellt.

Blüte Diese Sorte blüht die ganze Saison hindurch. Die kleinen leuchtenden johannisbeerroten Blüten sind dicht gefüllt und erscheinen in dichten Büscheln. Sie behalten ihre Farbe bis zum Verwelken bei. Leider duften sie kaum.

Charakter Die robuste und wetterfeste Pflanze wächst wie eine Strauchrose mit stark verzweigten Trieben, bleibt jedoch mit 60 cm Höhe und Breite sehr viel kompakter und niedriger. Die Triebe sind mit sehr gesundem, dunkelgrün glänzendem Laub überzogen. Zwei Jahre nach ihrer Züchtung erhielt die Sorte das ADR-Prädikat.

Standort Die Rose verlangt einen sonnigen Standort. Sie eignet sich sehr gut für Beete oder kleinere Gärten, wo sie schnell kahle Flächen mit einer dichten Decke bedeckt. Sie kann aber auch in Kübeln kultiviert werden und ist als Hochstamm erhältlich.

Pflege Diese Rose macht ihrem Namen alle Ehre und ist für jeden Gärtner aufgrund ihrer Robustheit und Gesundheit eine wahre Freude. In regenreichen Regionen ist sie die Rose der Wahl.

Geisha

Gruppe Moderne Rose, Floribundarose

Herkunft Diese deutsche Rose stammt aus dem Jahre 1964 und geht auf die Rosengärtnerei Tantau zurück. International ist sie auch unter dem Namen 'Pink Elizabeth Arden' bekannt geworden.

Blüte Diese Sorte blüht den ganzen Sommer bis in den Herbst hinein. Sie bringt zahlreiche Dolden mit bis zu 20 spitzen Knospen hervor. Aus ihnen entwickeln sich sehr große, halbgefüllte Blüten in Karminrosa. In ihrer Mitte zeigen sie dunkle Staubgefäße. Die Blüten öffnen sich bei jedem Wetter und verströmen einen schwachen Duft.

> **TIPP** Sie können 'Geisha' auch in einem Beet mit Stauden vergesellschaften.

Charakter Die robuste, wetterfeste und frostharte Pflanze wächst buschig und sehr gleichmäßig, dabei erreicht sie eine mittlere Höhe. Das Laub ist sehr gesund, dicht und glänzt dunkelgrün, was besonders hübsch zu den rosafarbenen Blüten passt.

Standort 'Geisha' darf nicht zu heiß stehen. Die wetterfeste Rose ist auch für Höhenlagen geeignet. In Gruppen gepflanzt macht sie jedes Beet zu einer Augenweide.

Pflege Die sehr robuste Rose nimmt Pflegefehler nicht allzu übel und wurde vor allem wegen ihrer stabilen Gesundheit mit dem ADR-Prädikat ausgezeichnet.

> **INFO** **Rose aus dem Nichts ...**
> *Jetzt, da die Rose aus dem Nichts*
> *ins Dasein tritt, zum Schmuck der Auen,*
> *In Demut kaum das Veilchen wagt*
> *zur Herrlichen emporzuschauen –*
> *Sollst Du am Morgenwein Dich freun*
> *bei Paukenschall und Harfenklange,*
> *Bei Flötenhauch und Feuerkuß*
> *an junger Schönheit Dich erbauen.*
> *Genieß des Lebens Rosenzeit*
> *bei Spiel und Sang, im Glück der Liebe.*
> *Nicht über eine Woche Frist*
> *kannst Du der Herrlichen vertrauen!*
>
> Muhammad Schams ad-Din Hafis (1320–1390)

Gertrude Jekyll

Gruppe Englische Rose, Strauchrose

Herkunft Dies ist eine Austin-Rose aus dem Jahr 1987. Sie trägt ihren Namen zu Ehren einer berühmten Gartenarchitektin und -autorin.

Blüte Die Knospen dieser öfter blühenden Sorte sind klein wie die der Albarosen, doch sie öffnen sich zu verblüffend großen, intensiv rosafarbenen, rosettenförmigen und dicht gefüllten Blüten im Stil der Portlandrose, die den Pollen lieferte. Von diesem Elternteil hat die Sorte auch den intensiven Duft von der Art der Alten Rosen geerbt. Im Sommer sind die Blütendolden so schwer, dass sich die Triebe unter ihrer Last biegen.

> **INFO** *Untersuchungen haben ergeben, dass die Blüten der Englischen Rosen mehr ätherisches Rosenöl enthalten als die anderer Sorten, daher werden sie auch in der Parfümherstellung eingesetzt.*

Charakter Die Pflanze ist aufrecht und wüchsig und wird bei einer Breite von etwa 90 cm ca. 1,20 m hoch. In warmen Regionen wird sie deutlich höher und kann als Kletterrose kultiviert werden. Die großen, zugespitzten Blätter sind zunächst burgunderrot und werden später gelb-, dann mittelgrün.

Standort 'Gertrude Jekyll' benötigt einen voll sonnigen Standort um zu gedeihen. Am besten pflanzt man sie in Zweier- oder Dreiergruppen in gemischte Beete und Rabatten. Auf der Terrasse lässt sie sich auch in einem großen Kübel als Hochstamm kultivieren.

Pflege Unter dem Namen 'Gertrude Jekyll Climbing' ist sie auch als Kletterrose erhältlich. Damit sie dann aber ausreichend hoch wächst, benötigt sie eine gute Düngung.

Gruppe Alte Rose, Strauchrose, Ramblerrose

Herkunft Diese Rose wurde im Jahre 1916 von der französischen Rosenschule Turbat in Frankreich vorgestellt.

> **INFO**
>
> **Gertrude Jekyll**
> *Als Gartengestalterin und Schriftstellerin hat Gertrude Jekyll (1843–1932) die Gartenarchitektur, besonders bei Pflanzungen nach Farbthemen, beeinflusst. Ihre Beiträge wurden in dem Klassiker „Roses for English Gardens" 1902 erstmals veröffentlicht.*

Ghislaine de Féligonde

Blüte Die Sorte ist öfter blühend. Aus runden Knospen entwickeln sich im Juni cremegelbe, etwa 2,5 cm große Blüten, die mit einem Hauch von Orange oder Lachs überzogen sind. Die Blüten stehen in großen Rispen mit jeweils 20–25 Blüten. Später verblassen die Blüten zu einem helleren Gelb. Dadurch erscheint die blühende Pflanze immer wieder in einem herrlichen, in allen Gelbtönen changierenden Farbenspiel. Bis zum Herbst folgen weitere Blüten nach. Sie duften sehr angenehm.

Charakter Der Strauch wächst kräftig und aufrecht mit bogig überhängenden Trieben. Er wird bei einer Breite von ca. 60 cm etwa 1 m hoch. Als Kletterrose angebunden erreicht er auch Höhen von mehr als 2,40 m. Die Triebe tragen nur wenig Stacheln und tiefgrün glänzendes, kleinblättriges Laub. Dekorativ sind auch die zahlreichen roten Früchte. Für viele Rosenfreunde gilt 'Ghislaine de Féligonde' als die lieblichste aller Ramblerrosen. Die Pflanze ist sehr robust, winterhart und regenfest.

> **TIPP** Für eine flächendeckende Bepflanzung sollte man zwei bis drei Pflanzen pro Quadratmeter einplanen.

Standort 'Ghislaine de Féligonde' kann auch im Halbschatten kultiviert werden und toleriert nährstoffärmere Böden. Sie macht sowohl als Solitär als auch in Gruppen gepflanzt eine gute Figur. Auch als Hecke eignet sie sich. In einem Kübel kann sie als Hochstamm gezogen werden.

Pflege Die sehr gesunde und robuste Rose macht dem Gärtner auch bei wenig Aufwand sehr viel Freude. Die Nachblüten fallen üppiger aus, wenn man die ganze Saison hindurch immer wieder den Fruchtansatz verhindert.

Gruppe Englische Rose, Strauchrose, Teehybride

Golden Celebration

Herkunft Diese hinreißende Rose entstand im Jahre 1992 und wurde von dem englischen Rosenzüchter David Austin vorgestellt.

Blüte Die runden Knospen dieser öfter blühenden Sorte öffnen sich zu etwa 12 cm großen, schalenförmigen Blüten mit offener Mitte. Sie sind stark gefüllt. Die äußeren Blütenblätter überlappen einander und bilden einen Kranz am äußeren Blütenrand, das Innere der Blüten ist mit kleineren, gekräuselten Blütenblättern dicht gefüllt. Die Blüten sind kräftig goldgelb und duften stark.

Charakter Diese Sorte ist sehr elegant und auch robust. Der Strauch wächst rundlich und erreicht mit ca. 1,20 m Höhe wie Breite eine mittlere Größe. Unter der Last der Blüten beugen sich die dünnen Triebe und hängen vor. Ansonsten ist der Strauch kompakt und trägt üppiges Laub.

Standort Die Rose benötigt einen sonnigen Standort und kann als Solitär oder in Gruppen gepflanzt werden. Sie ist auch im Kübel erhältlich.

Pflege Rosen in Kübeln sollten nach zwei bis drei Jahren in einen etwa 20 cm größeren Topf umgepflanzt werden.

Goldmarie 82

Gruppe Beetrose, Moderne Rose, Floribundarose

Herkunft Diese Rose ging 1984 aus der deutschen Rosenschule Wilhelm Kordes hervor, weshalb sie auch als 'Goldmarie 84' oder einfach nur 'Goldmarie' gehandelt wird.

Blüte In großer Zahl erscheinen die Blüten den ganzen Sommer und Herbst über. Die 12 cm großen, gefüllten Blüten sind die erst gelb, später rot und verblassen beim Verblühen. Sie erscheinen in lockeren Büscheln zu drei bis zehn Blüten. Die Blütenblätter duften köstlich.

Charakter Die mittelstark und aufrecht wachsende Beetrose wird etwa 40–70 cm hoch und 50 cm breit. Sie treibt schnell nach. Das dunkelgrün glänzende Laub bietet einen kontrastreichen Hintergrund für das Farbenspiel der Blüten.

Standort Die Sorte benötigt einen voll sonnigen Standort. In Gruppen gepflanzt sieht sie besonders hübsch aus, da es den Farbwechsel der Blüten betont. Sie ist auch als Hochstamm erhältlich.

Pflege Die Sorte ist robust, sehr frosthart und regenfest. Auch aus diesen Gründen ist sie für Rosenneulinge durchaus geeignet. Für eine flächendeckende Begrünung sollten sechs bis sieben Pflanzen pro Quadratmeter eingesetzt werden.

Goldtopas

Gruppe Moderne Rose, Kletternde Zwergrose, Floribundarose

Herkunft Diese Rose wurde im Jahre 1963 von dem deutschen Rosenzüchter Wilhelm Kordes vorgestellt. Sie wird auch unter den Schreibweisen 'Gold Topaz' oder 'Goldtopaz' gehandelt.

Blüte Im Frühsommer erscheinen aprikosenfarbene Knospen einzeln oder in Gruppen. Aus ihnen entstehen gefüllte, becherförmige Blüten, deren Blütenblätter wellenförmige Ränder tragen. Interessant ist ihr Farbenspiel, das von Bernstein über Gelbbraun bis Orange reicht. Die Blüten duften stark und streng.

TIPP *Werden die Blütendolden mit bis zu zehn Blüten zu dicht und unattraktiv, können Sie sie gezielt etwas auslichten.*

Charakter Die Pflanze wächst kräftig und verzweigt sich gut. Allerdings wird sie nur 40 cm hoch, was für eine Floribundarose eher ungewöhnlich ist. Das recht gesunde, üppige Laub ist dunkelgrün und glänzt stark. Die Sorte ist sehr robust und erhielt im Jahr ihrer Züchtung das ADR-Prädikat.

Standort Die kleine Beetrose fühlt sich in der Sonne wie im Halbschatten wohl. Nährstoffärmere Böden toleriert sie nicht wirklich gut. Sie sollte in Gruppen in die Beete und Rabatten gepflanzt werden, in denen niedrige Sorten erwünscht sind. In solchen Beeten entwickelt die Rose eine große Fernwirkung.

Pflege Wie alle Beetrosen sollte auch diese Sorte stark zurückgeschnitten werden, da sie an den jungen Trieben besonders reich blüht.

TIPP

Rückschnitt von Beetrosen

Schwachwüchsige Beetrosen schneidet man auf drei bis vier Augen zurück, stark wüchsige Sorten auf vier bis sechs Augen. Alle dünnen und schwachen Triebe werden entfernt. Besonders flächig wirkt die Beetrose, wenn sie alle Triebe in einer Höhe abschneiden.

Graham Thomas

Gruppe Englische Rose, Strauchrose

Herkunft In der britischen Rosenschule Austin wurde diese Rose im Jahre 1983 gezüchtet. Die Namen 'English Yellow' und 'Graham Stuart Thomas' stehen für dieselbe Rose.

Blüte Sie erblüht in einer üppigen Hauptblüte und mehreren Nachblüten die ganze Saison über. Aus dicken kugelförmigen Knospen entwickeln sich gefüllte, becherförmige gelbe bis aprikotfarbene Blüten, die im

Alter verblassen. Die Blüten erinnern an die romantischen Alten Rosen des 19. Jahrhunderts. Sie stehen meist frei, gelegentlich aber auch in Gruppen zu sechs bis acht Blüten. Sie duften angenehm nach frischem Tee.

Charakter Die robuste Sorte entwickelt einen stark wüchsigen, gesunden und gut verzweigten Strauch. Er wird bis zu 1,50 m hoch und ca. 90 cm breit. Das Laub ist sehr dicht, hellgrün und glänzend. Die Sorte ist robust und sehr beliebt, was nicht zuletzt an der reingelben Farbe der Blüten liegt.

Standort 'Graham Thomas' gedeiht sowohl an einem sonnigen Standort als auch im Halbschatten. Als Solitär bildet sie einen sehr attraktiven Busch. Man kann sie aber auch in Gruppen pflanzen. Auch als Hochstamm in einem Kübel ist sie erhältlich.

> **INFO** *Der Rosenzüchter und -freund Graham Thomas gilt als der Vorreiter der Wiederbelebung der Alten Rosen und für viele auch als Begründer der Englischen Rosen.*

Pflege Die auch als Schnittblume geeignete Rose ist sehr robust und für Anfänger ideal. In wärmeren Regionen wächst sie sehr stark, und Langtriebe können entweder abgeschnitten oder im Inneren einer Stützvorrichtung an Säulen fast schon als Kletterrose gezogen werden. Für eine sehr üppige Gruppe kann man ein bis zwei Pflanzen auf einen Quadratmeter pflanzen.

Great Maiden's Blush

Gruppe Alte Rose, Albarose

Herkunft Diese Rose ist schon seit dem frühen 15. Jahrhundert bekannt. In Frankreich nennt man sie auch 'Cuisse de Nymphe', was so viel wie Nymphenschenkel bedeutet. Gelegentlich findet man sie auch unter dem Namen 'La Virginale' – die Jungfräuliche, der angesichts ihrer zarten Färbung durchaus angemessen ist.

Blüte Diese Rose blüht einmal im Sommer, dafür aber reichlich. Die Knospen erscheinen in Büscheln zu fünf bis sechs Stück und sind eher rundlich. Die lockeren, sanft duftenden Blüten sind rosettenförmig und weiß mit einer zart rosa Färbung, die der Name bereits andeutet – heißt er doch so viel wie errötendes Mädchen.

INFO *Wie man erwarten könnte, gibt es auch eine 'Small Maiden's Blush', die im Jahre 1797 in den Kew Gardens registriert und dort möglicherweise auch gezüchtet wurde. Sowohl die kleine als auch die große Schwester neigen zu so genannten Sports, also zu spontanen Mutationen.*

Charakter Die Sorte wächst stark, strauchförmig mit überhängenden Zweigen. Sie wird ca. 1,80 m hoch und etwa 1,50 m breit. Das Laub hat den typischen Graugrün-Ton der Albarosen, was mit der zart angehauchten Färbung der Blüten geradezu perfekt harmoniert.

Standort 'Great Maiden's Blush' toleriert auch halbschattige Standorte und gedeiht selbst auf nährstoffarmen Böden gut. Sie kann einzeln oder in Gruppen gepflanzt werden. Auch für Hecken eignet sie sich hervorragend.

Pflege Die robuste Rose ist sehr frosthart, kann aber heiße Lagen nicht wirklich gut vertragen. Auch Nässe schadet ihr, dennoch ist sie in der Pflege nicht allzu aufwändig. Wichtig ist nur, dass sie viel Platz hat. Für eine flächendeckende Begrünung sollten zwei bis drei Pflanzen pro Quadratmeter eingeplant werden.

Gruss an Aachen

Gruppe Beetrosen, Floribundarose, Romantikrose

Herkunft Diese Rose wurde 1909 von der Rosenschule Geduldig in Deutschland vorgestellt. International ist sie auch unter dem Namen 'Salut d'Aix la Chapelle' bekannt.

Blüte Diese Sorte ist öfter und reich blühend. Aus kegelförmigen Knospen entwickeln sich stark gefüllte, schalenförmige und etwa 9–11 cm große Blüten mit hübsch gekräuselten Blütenblättern. Die Blüten sind zunächst zartrosa und später cremeweiß mit zart orange- bis rosafarbener Mitte. Sie duften sehr angenehm.

Charakter Der kleine Strauch wächst kompakt, buschig und aufrecht. Er erreicht eine Höhe von 50–60 cm und wird ca. 50 cm breit. Das recht gesunde Laub ist klein, ledrig, dunkelgrün und matt.

Standort Die nostalgische Beetrose benötigt einen voll sonnigen Standort, toleriert aber auch nährstoffärmere Böden. Sie eignet sich einzeln oder in Gruppen für kleinste Beete und Rabatten. Sie kann auch als Hecke gepflanzt oder in einem Kübel als Hochstamm kultiviert werden.

Pflege Da diese robuste Rose sehr vielen Krankheiten trotzt, ist sie in der Pflege nicht sehr aufwändig. Soll sie in Gruppen gepflanzt werden, sollten Sie sechs bis sieben Pflanzen pro Quadratmeter einplanen.

Gruss an Heidelberg

Gruppe Strauchrose, Floribundarose

Herkunft Diese Rose stammt aus der deutschen Rosenschule Kordes und wurde im Jahre 1959 vorgestellt. Sie ist ebenfalls unter dem Namen 'Heidelberg' bekannt.

Blüte Nach einer starken Hauptblüte im Sommer erscheinen bis zum Herbst noch vereinzelt weitere Blüten. Aus großen, edlen, karminroten Knospen öffnen sich langsam samtrote, 10 cm große und dicht gefüllte, schalenförmige Blüten, die allmählich verblassen. Die Blüten erscheinen jeweils in großen Büscheln zu zehn bis zwölf Blüten und duften nur schwach.

Charakter Die Pflanze ist sehr wuchsfreudig und wird mit einer Höhe von 2 bis 3 m sehr hoch. Das üppige Laub ist groß, mittelgrün, ledrig und leicht glänzend.

Standort 'Gruß an Heidelberg' ist vor allem für halbschattige Standorte geeignet und lässt sich auf nährstoffärmeren Böden kultivieren. Man kann sie einzeln oder in Gruppen pflanzen. Sie ist sowohl als Kletterrose an Spalieren sowie als Stammrose erhältlich.

Pflege Etwas Vorsicht ist geboten, da diese Sorte anfällig für Mehltau und Sternrußtau ist. Sammeln Sie befallene Blätter auf und vernichten Sie sie.

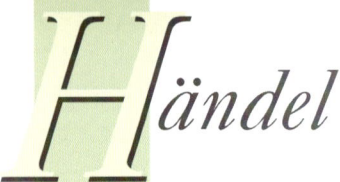

Händel

Gruppe Strauchrose, Großblumige Kletterrose

Herkunft Im Jahre 1965 wurde diese Rose von McGredy in Neuseeland gezüchtet. Sie ist auch unter den Schreibweisen 'Haendel' und 'Handel' bekannt.

Blüte Die Blüten erscheinen unermüdlich vom Frühsommer bis zum Herbst. Die Knospen sind gut geformt und zeigen nach dem Aufblühen ihre Staubgefäße. Die Blüten sind mit 8 cm mittelgroß und leicht gefüllt. Sie erscheinen in Gruppen von drei oder mehr. Sie haben lange Stiele und einen edlen, sanften Cremeton mit intensiv rosa geränderten Blütenblättern. Sie duften leicht.

> **TIPP** *Durch einen kräftigen Rückschnitt im Winter kann man das Wachstum im Zaum halten, ohne die Blütenfülle zu verlieren.*

Charakter Die Rose wächst aufrecht und reich verzweigt. Als Strauch wird sie mindestens 1,50 m hoch wie breit. In wärmeren Regionen wird sie sehr viel größer. Die Blätter sind glänzend dunkelgrün und leider etwas anfällig für Mehltau und Sternrußtau. Die Rose besticht durch ihre enorme Wuchskraft.

Standort 'Händel' fühlt sich nur an einem voll sonnigen Standort wohl. Da sie als Kletterrose leicht Höhen von 4–5 m erreicht, eignet sie sich besonders gut für hohe Zäune, Bögen, Pergolen und Sichtschutzwände. Sowohl als Solitär als auch in kleinen Gruppen sieht sie immer reizvoll aus.

Pflege Sollte die Rose von Mehltau befallen sein, müssen die befallenen Pflanzenteile abgeschnitten und vernichtet werden. Wählen Sie vorsorglich einen luftigen Standort und geben Sie weniger Stickstoff.

INFO

Echter Mehltau
Mehltau ist eine Pilzkrankheit. Auf den Blättern, Knospen und jungen Trieben erscheint ein weißer mehliger Belag, der sich mit den Fingern abwischen lässt. Befallene Blätter und Triebe können absterben.

Heckenfeuer

Gruppe Beetrose, Floribundarose

Herkunft Auch dies ist eine deutsche Kordes-Rose aus dem Jahre 1984.

> **TIPP** Ab Ende September sollte Verblühtes nicht mehr ausgeschnitten werden.

Blüte Diese Rose blüht den ganzen Sommer hindurch bis zum ersten Frost. Die schalenförmigen Blüten erscheinen in Dolden. Sie sind stark gefüllt und tief blutrot, das manchmal orange angehaucht ist. Die Rose duftet zart und angenehm.

Charakter Die Beetrose wächst stark verzweigt und sehr dicht. Der kleine kompakte Strauch wird bis zu 50 cm hoch wie breit. Die olivgrünen Blätter sind normal gesund und glänzen schwach.

Standort In voller Sonne gedeiht diese Rose am besten. Sie eignet sich vor allem für Beete und niedrige Hecken. Sie sollte in kleinen Gruppen gepflanzt werden, sieht aber aufgrund ihres gleichmäßigen Wuchses auch noch als kleiner Solitär hübsch aus.

Pflege Für eine flächendeckende Bepflanzung sollten Sie zwei bis drei Pflanzen pro Quadratmeter einplanen. Entfernen Sie die verwelkten Blüten regelmäßig, indem Sie die Blüte bis zum ersten Blatt mit der Rosenschere abschneiden.

Heidekönigin

Gruppe Flächenrose, Bodendeckerrose

Herkunft Diese Rose wurde 1985 in der deutschen Rosenschule Wilhelm Kordes gezüchtet.

Blüte Nach ersten üppigen Schüben folgen noch bis in den Herbst hinein einige weitere. Die rein rosafarbenen Blüten sind halbgefüllt und haben offene Herzen. Sie werden bis zu 8 cm groß und erscheinen in üppigen Blütendolden. Unter ihrer Last hängen die Triebe meist herab. Die Blüten duften schwach nach Wildrosen.

Charakter Die Bodendeckerrose wächst sehr dicht und breitet sich flächig aus. Sie kann bis zu 50 cm hoch werden, deckt den Boden dann aber nicht mehr so gut ab. Das mittelgrüne, leicht glänzende Laub ist resistent gegen Rußtau und Mehltau.

Standort Sowohl in der Sonne als auch im Halbschatten fühlt sich diese Sorte wohl. Der üppige Bodendecker ist vor allem zur Begrünung größerer Flächen geeignet. Auch in Naturgärten macht er sich sehr hübsch. Außerdem kann die Rose auch als Trauerhochstamm kultiviert werden.

Pflege Um den Hochstamm in einem Pflanzkübel zu überwintern, Noppenfolie oder Kokosfasermatten um den Kübel wickeln.

Heidesommer

Gruppe Strauchrose, Floribundarose

Herkunft 1985 wurde diese Rose von der deutschen Rosenschule Wilhelm Kordes vorgestellt. Die Namen 'Heidi Sommer' und 'Cevennes' stehen für dieselbe Rose.

TIPP   *Wer seinen Garten nur abends nutzt, sollte unbedingt auf weiße Rosen zurückgreifen, da sie noch lange in der Dämmerung leuchten.*

Blüte Die Blüten dieser Rose erscheinen den ganzen Sommer und Herbst über, wobei die Hauptblüte im Frühsommer erfolgt. Aus cremegelben Knospen entwickeln sich weiße, halbgefüllte, natürlich wirkende Blüten, die ganz geöffnet ihre goldgelben Staubgefäße zeigen. Die Rosen duften angenehm. Wenn es aber heiß ist, riechen sie süßlich und ein wenig aufdringlich.

Charakter Der Strauch wächst aufrecht und kann eine Höhe von ca. 70 cm erreichen. Die Triebe hängen weit nach außen, fast schon zu ausladend für eine Floribundarose. Das Laub ist dunkelgrün und glänzend. Es bildet den passenden Hintergrund für die cremeweißen Blüten.

Standort Diese Rose fühlt sich in der Sonne wohl. Am schönsten ist sie als Gruppenpflanze in vorderen Beetbereichen, da sie kleine Flächen attraktiv begrünt. Sie ist aber auch als Kübelpflanze erhältlich und verschönert jeden Balkon und jede Terrasse.

Pflege Sollte die Rose zu ausladend wachsen, kann sie in Form geschnitten werden. Auch sollte sie regelmäßig ausgeputzt werden, um die Nachblüten zu fördern.

Heidetraum

Gruppe Bodendeckerrose, Floribundarose

Herkunft Diese Rose wurde im Jahre 1988 von der deutschen Rosenschule Noack vorgestellt. Sie ist auch unter den Namen 'Flower Carpet', 'Blooming Carpet', 'Emera', 'Emera Pavement' und 'Pink Flower Carpet' bekannt.

Blüte 'Heidetraum' blüht die gesamte Saison hindurch und dies überreich. Aus kleinen runden Knospen werden leuchtend karminrosa bis rote, etwa 4 cm große, halbgefüllte, runde Blüten. In großen Dolden von 10–25 Blüten bedecken sie Laub und Zweige. Die Blüten duften allerdings kaum.

Charakter Die Bodendeckerrose wächst sehr breitbuschig, flach und bogig überhängend. Der einzelne Busch erreicht eine Höhe von 60 cm und wird dabei mindestens ebenso breit. Bereits im zweiten Jahr hat die Rose den gesamten Boden bedeckt. Das lange an den Trieben haftende Laub ist dicht, klein, mittelgrün und glänzend. Die winterharte Rose ist sehr robust und ausgesprochen resistent gegen Rosenkrankheiten. Sie ist Trägerin des ADR-Prädikats.

Standort Diese Sorte kann sowohl an einen sonnigen als auch an einen halbschattigen Standort gepflanzt werden. Weder Regen noch Hitze machen ihr etwas aus. In Gruppen gepflanzt eignet sie sich vor allem für größere Flächen. Sie ist aber auch als Hochstamm erhältlich. Da sie eine hohe Resistenz gegen Krankheiten aufweist, eignet sie sich vor allem für Parkanlagen oder Gräber.

Pflege Diese Rose wächst fast von allein und benötigt kaum wirkliche Pflege. Daher kann sie auch für Rosenneulinge eine wahre Freude sein. Falls sie nach einigen Jahren zu stark verholzt, kann sie zurückgeschnitten werden. Danach wächst sie wieder kräftiger, allerdings ohne weniger zu blühen.

INFO

Vorsicht!
Leider reinigt sich diese Rose nur schlecht selbst. Viele welke, braune Blätter bleiben an den Dolden hängen.

Heritage

Gruppe Englische Rose, Strauchrose

Herkunft Die Sorte 'Heritage' wurde im Jahre 1984 in Großbritannien von der Rosenschule Austin gezüchtet. Sie ist auch unter dem Namen 'Roberta' im Handel.

Blüte Bereits früh im Sommer erblüht diese Rose, die bis zum Herbst immer wieder nachblüht. Die dicken, kegelförmigen Knospen werden zu etwa 6 bis 8 cm großen, becherförmigen, stark gefüllten Blüten in einem zarten, reinen Rosa, das nach außen hin fast weiß wird. Die Blüten erscheinen in Büscheln und verströmen einen für Alte Rosen typischen Duft mit einem zarten Anklang von Zitrone.

Charakter Diese Rose ist zu Recht eine der beliebtesten Englischen Rosen mit reichlich romantischem Charme. Wenn Sie nur eine einzige Englische Rose pflanzen möchten, dann wäre diese genau die richtige Wahl. Der stark und buschig wachsende Strauch ist stark verzweigt. Die ein wenig herabhängenden Triebe sind nur wenig bestachelt. Die weichen Blätter sind zugespitzt, dunkelgrün und glänzend. Perfekt harmonieren sie mit dem zarten Farbton der Blüten.

TIPP Da die dünnen Triebe oft die Last der Blütendolden nicht tragen können und sich biegen, sollten Sie sie durch Mehrjährige oder andere Sträucher stützen.

Standort Um zu gedeihen, benötigt diese Sorte einen voll sonnigen Standort. Zwar toleriert sie auch nährstoffärmere Böden, bevorzugt aber in jedem Fall einen fruchtbaren Boden. Sie eignet sich als Solitär oder in Gruppen gut für Beete, Rabatten und Hecken. Aber auch als Kübelpflanze oder Hochstamm ist sie sehr attraktiv. Auch als Schnittblume für romantische Rosensträuße ist diese Rose geradezu ideal.

Pflege Die Rose ist winterhart und von robuster Gesundheit. Aus diesen Gründen stellt sie keine allzu hohen Anforderungen an ihren Gärtner. Allerdings ist das Laub etwas rostanfällig. Vorbeugend sollte man ausreichend Kali geben und den Boden lockern.

Impératrice Josephine

Gruppe Alte Rose, Gallicarose

Herkunft Die Herkunft dieser Sorte ist leider unbekannt, fest steht nur, dass sie schon vor 1815 in Frankreich bekannt war. Benannt ist sie nach der ersten Gemahlin von Napoleon I. Die Namen 'Empress Josephine', 'Souvenir de l'Impératrice Josephine' und 'Francofortunata' stehen für dieselbe Rose.

Blüte Diese Sorte ist einmalblühend und blüht meist im Juni. Es erscheinen sehr große, halbgefüllte, dunkelrosa marmorierte Blüten mit gewellten Blütenblättern. Die Blüten wirken locker, ihre Blätter fast durchscheinend. Der Duft ist zart und wenig ausgeprägt.

TIPP *Auch wenn die Blüten nur schwach duften, handelt es sich um wertvolle Schnittrosen.*

Charakter Der sehr frostharte Strauch wächst wuchernd und ist gut verzweigt. Er kann eine Höhe von 1,50 m erreichen. Die graugrünen Blätter sind rau und stark geädert. Die Sorte trägt nur wenige Stacheln und bringt im Herbst große Hagebutten hervor.

Standort Am besten gedeiht diese Rose an einem schattigen Standort. Sie kann als Solitär oder in Gruppen gepflanzt werden.

Pflege Bei zu starkem Wuchs und langen, jungen Trieben kann es empfehlenswert sein, die Pflanze zu stützen.

TIPP

Kaiserin Josephine
Nach ihrer Scheidung von Napoleon I. erwarb die ehemalige Kaiserin 1799 das kleine Schloss Malmaison in der Nähe von Paris. Hier wollte Josephine möglichst alle bekannten Rosensorten kultivieren. Daher hielt sie Kontakt zu den bedeutendsten europäischen Rosengärtnereien und Baumschulen, um die begehrten Rosenstöcke zu erhalten. Auch erhebliche politische Schwierigkeiten, die teilweise damit verbunden waren, konnten sie nicht zurückhalten. Als sie 1814 in Malmaison starb, enthielt ihr Rosengarten rund 250 Rosensorten. Leider wurde er 1870 zerstört.

Jacqueline du Pré

Gruppe Strauchrose

Herkunft Der Brite Jack Harkness züchtete diese Rose im Jahre 1988. Ihren Namen verdankt sie der gleichnamigen berühmten Cellistin, die weniger Monate später an Multipler Sklerose starb.

Blüte Diese Rose erblüht bereits im Mai. Üppige Nachblüten erscheinen bis zum späten Herbst. Die Blüten sind cremerosa bis weiß und zeigen rot-goldene, hervorstehende Staubgefäßen. Die schalenförmigen, relativ locker aufgebauten Blüten stehen in Dreier- bis Fünfergruppen. Sie verströmen einen sanften, sehr angenehmen Moschusduft.

Charakter Der kräftige, breitwüchsige Strauch wird ca. 1,50 m hoch wie breit und zeigt eine perfekte Kuppelform. Das dunkle, glänzende Laub bildet einen großartigen Kontrast zu den Blüten.

Standort 'Jacqueline du Pré' sollte in voller Sonne stehen. Sie eignet sich vor allem für kleine Gärten, da sie wunderbar als Solitär gepflanzt werden kann. Außerdem bietet sie sich auch für niedrige Hecken an und bereichert als Kübelpflanze Terrasse oder Balkon.

Pflege Leider ist diese Rose nur mäßig krankheitsresistent und sollte daher sorgfältig gepflegt und gedüngt werden.

Jacques Cartier

Gruppe Alte Rose, Remontantrose, Portlandrose

Herkunft Diese Rose wurde im Jahre 1868 von den Rosenzüchtern Moreau und Robert eingeführt. Der Namenspate war ein französischer Seefahrer des 16. Jahrhunderts, der den St.-Lorenz-Strom erforschte.

Blüte Die Rose blüht mehrfach, meist in Büscheln. Die Blüten sind tiefrosa, werden zum Rand hin heller und haben kurze gewellte Blätter. Sie öffnen sich flach und schalenförmig, sind stark gefüllt. Ihr Duft ist gut und kräftig.

Charakter Der bis 1,50 m hohe Strauch wächst aufrecht und buschig. Das Blattwerk ist üppig und gesund.

Standort Die robuste Rose fühlt sich auch an einem halbschattigen Standort und auf nährstoffärmeren Böden wohl. Sie eignet sich für Hecken und als Hintergrundbepflanzung in niedrigen Beeten und Rabatten, da sie wie alle Portlandrosen nur an den Triebspitzen blüht. Auch im Kübel kann sie kultiviert werden.

Pflege Die pflegeleichte Sorte ist sehr gesund. Um die Bildung von Seitentrieben zu fördern, sollte man die Triebe herunter biegen oder die Rose kräftig zurückschneiden.

Kir Royal

Gruppe Kletterrose

Herkunft Diese Rose stammt aus der Rosenschule Meilland und wurde 1995 vorgestellt.

Blüte Die Hauptblüte liegt im Hochsommer, es folgen ihr noch einige Nachblüten. Die runden, rötlichen Knospen erscheinen in lockeren Büscheln und werden zu halbgefüllten, hellrosafarbenen, schalenförmigen und etwa 7 cm großen Blüten mit einer sehr schönen kirschroten Äderung. Ihr Duft ist zart und frisch.

Charakter Die strauchförmige Kletterrose wächst aufrecht mit weit überhängenden Zweigen. Dabei erreicht sie eine Höhe von 2–3 m. Das mittel- bis hellgrüne Laub ist das perfekte Hintergrundbild für die zarte Blütenfarbe. Die Blätter sind sehr gesund und resistent gegenüber Mehltau und Sternrußtau. Die Rose ist sehr robust und erinnert an die alten Romantikrosen.

Standort Nur an einem sonnigen Standort kann 'Kir Royal' sich voll entfalten. Sie kann einzeln oder auch in Gruppen gepflanzt werden. Diese Rose erklimmt jedes Rankgerüst, begrünt Mauern und Wände.

Pflege Für Rosenneulinge auf der Suche nach einer Kletterrose ist diese Rose besonders zu empfehlen, da sie sogar nach Erkrankungen sehr stark weiterwächst.

Konrad Adenauer Rose

Gruppe Großblütige Rose, Teehybride

Herkunft Die Rose mit dem Namen des berühmten Staatsmannes entstand 1955 in der Rosenschule Tantau in Deutschland.

Blüte 'Konrad Adenauer' blüht unermüdlich und reichlich im Sommer und Herbst. Die Blüten sind mit ca. 10 cm mittelgroß und erscheinen einzeln oder in kleinen Büscheln. Sie sind becherförmig, schön geformt und blutrot. Ihr Duft ist kräftig und wunderbar.

Charakter Im Gegensatz zu ihrem Namensgeber ist diese Rose eher kleinwüchsig. Zwar wächst sie aufrecht und kräftig, erreicht aber nicht einmal eine mittlere Höhe. Das glänzend hellgrüne Laub kontrastiert recht scharf mit den hellroten Blüten.

INFO *Konrad Adenauer war ein großer Rosenfreund, der in seinem eigenen Garten zahlreiche Sorten kultivierte.*

Standort Diese Sorte gedeiht am besten an einem sonnigen Standort. Sie ist für jeden Garten geeignet, wird aber auch als Ausstellungsrose eingesetzt. Sie kann in Gruppen oder als Solitär gepflanzt werden.

Pflege Eine herrliche Rose, die jedem Gärtner für einen korrekten Rückschnitt durch einen kräftigen Wuchs und unerschütterte Blühfreude dankt.

La Reine

Gruppe Alte Rose, Remontantrose

Herkunft Der französische Rosenzüchter Laffay stellte diese Rose 1842 in Frankreich vor. 'Reine des Français' und 'Rose de la Reine' sind andere Bezeichnungen für dieselbe Rose.

Blüte In großer Zahl erscheinen im Sommer pralle Knospen mit einer hohen Mitte. Sie öffnen sich zu glänzenden rosaroten Blüten, die in der Mitte lilafarben getönt sind. Die Blüten sind groß, kugelförmig und stark gefüllt, wobei sich die zahlreichen Blütenblätter übereinander zurückfalten. Sie verströmen einen angenehmen Duft.

Charakter 'La Reine' erfreut sich in Frankreich seit über 150 Jahren sehr großer Beliebtheit. Der Strauch wächst buschig und aufrecht und kann eine Höhe von ca. 1 m erreichen. Die Blätter sind blassgrün, runzlig und am Rand gewellt. Die Triebe sind weich und nur wenig bestachelt.

Standort An einem sonnigen Standort und auf fruchtbarem Boden gedeiht diese Rose am besten. In Gruppen in Beete oder Rabatten gepflanzt sieht sie sehr attraktiv aus.

> **TIPP** *'La Reine' ist eine ausgezeichnete Schnittblume.*

Pflege Die junge Rose benötigt zum Wachsen zunächst eine Stütze, die man später wieder entfernen kann. Um die Herbstblüte zu erhöhen, sollten verwelkte Blüten ausgeschnitten werden.

TIPP

Rosen für die Vase

Machen Sie sich am frühen Morgen auf die Suche nach Schnittrosen, dann sind sie noch frisch und kühl und werden länger halten. Suchen Sie Knospen aus, die sich leicht geöffnet haben und etwas Farbe zeigen. Schneiden Sie von einer Pflanze nicht mehr als zwei bis drei Blüten ab. Achten Sie darauf, dass die Stiele nicht zu lang sind. Schneiden Sie die Stiele schräg ab und stellen Sie die Blumen sofort in die Vase. Die Rosen halten noch länger, wenn Sie etwas Apfelessig und eine Prise Zucker in das Wasser geben.

La Sevillana

Gruppe Beetrose, Floribundarose

Herkunft Der Franzose Meilland züchtete diese Rose im Jahre 1978. Sie wird auch unter dem Namen 'Sevillana' gehandelt.

Blüte 'La Sevillana' ist öfter blühend. Die ganze Saison hindurch erscheinen üppige Blütenschübe. Die blutroten, ca. 7 cm großen Blüten sind halbgefüllt, öffnen sich becherförmig und erscheinen in Dreier- bis Fünfergruppen in lockeren Büscheln. Auch bei starker Sonnenbestrahlung verblassen die Blüten nicht, Dauerregen aber schadet ihnen. Ihr Duft ist leicht unangenehm.

Charakter Der Strauch wird fast 1 m hoch und wächst locker verzweigt, aber kräftig. Das üppige Laub ist glänzend und dunkelgrün – ein hübscher Kontrast zu den tiefroten Blüten. Im Herbst erscheinen leuchtend orangefarbene Hagebutten. Die Sorte ist sehr robust, winterhart und resistent gegenüber Mehltau und Sternrußtau. All diesen Eigenschaften verdankt sie das ADR-Prädikat.

Standort Zwar gedeiht die Rose an einem vollsonnigen Standort am besten, sie toleriert aber auch Halbschatten, nährstoffarme Böden und raue Lagen. Zudem ist sie regenfest und salzverträglich. Dank ihres dichten Wuchses eignet sich diese Rose wunderbar für Beete, Rabatten und Hecken. Sie lässt sich einzeln oder in Gruppen auch mit Gehölzen kombinieren. In kleineren Gärten kann sie auch in einem Kübel kultiviert werden.

Pflege Bei einer Gruppenpflanzung sollten für eine flächendeckende Begrünung zwei bis drei Pflanzen pro Quadratmeter eingeplant werden. Soll die Rose zu einer Hecke werden, sollte man auf den jährlichen Rückschnitt verzichten. Dann wird sie etwa 75 cm hoch.

TIPP *Wenn Sie die Hagebutten nicht selbst nutzen möchten, lassen Sie sie stehen. Die Vögel werden sich freuen.*

Lavender Dream

Gruppe Moderne Strauchrose, Flächenrose

Herkunft 'Lavender Dream' stammt aus den Niederlanden und wurde im Jahre 1985 von der Rosenschule Interplant vorgestellt.

Blüte Diese Kleinstrauchrose blüht üppig vom Sommer bis in den Herbst hinein. Die Knospen erscheinen in großen Dolden, sind rundlich und rot. Sie öffnen sich schalenförmig zu etwa 5 cm großen, halbgefüllten lavendel-lilarosafarbenen Blüten. In der Mitte der Blüten werden die goldgelben Staubgefäße sichtbar. Leider duften sie kaum.

Charakter Die robuste, regenfeste und krankheitsresistente Rose wächst zunächst buschig aufrecht, wird dann aber immer ausladender und strauchiger. Sie kann eine Höhe von etwa 50–80 cm erreichen. Das Laub ist matt und hellgrün. Bei ungünstiger Witterung kann es manchmal von Mehltau befallen werden. Ihrer Gesundheit und der außergewöhnlichen Blütenfarbe verdankt sie das ADR-Prädikat.

TIPP *Im Winter ist sie je nach Witterung für einen leichten Winterschutz dankbar.*

Standort 'Lavender Dream' benötigt einen voll sonnigen Standort und ist dort sehr hitzeverträglich. Daher fühlt sie sich auch an heißen Südlagen und auf sonnigen Dachgärten wohl. Einzeln oder in Gruppen gepflanzt ist sie gleichermaßen schön. Besonders attraktiv wirkt sie mit niedrigen Stauden oder Gehölzen.

Pflege Für eine flächendeckende Bepflanzung sollten Sie zwei bis drei Pflanzen pro Quadratmeter einplanen. Aufgrund ihrer robusten Gesundheit sollte diese Rose in der Pflege keine Probleme bereiten.

INFO

Stauden und Rosen
Wenn Sie Stauden mit Rosen kombinieren, sollten Sie zwischen beiden wenigstens 50 cm Abstand lassen, um gezielt düngen zu können. Wählen Sie Stauden, die zur gleichen Zeit blühen wie die Rosen. Übrigens: Zu den rundlichen Formen der Rosen wirken aufstrebende Kerzen wie Eisenhut, Lupinen, Fingerhut oder Rittersporn ausgesprochen attraktiv.

Leander

Gruppe Englische Rose, Strauchrose

Herkunft Diese Rose stammt aus der britischen Rosenschule Austin und wurde im Jahre 1982 vorgestellt.

TIPP *Einmal blühende Strauchrosen sollten nicht zurückgeschnitten werden, da sie an den Trieben des Vorjahres Blüten bilden.*

Blüte Auf die ersten Blütenschübe im Frühsommer folgen im Herbst einzelne Nachblüten, vorwiegend an den Wassertrieben, die während des Sommers gebildet wurden. Die stark gefüllten Blüten sind nur mittelgroß, doch sie haben eine perfekte Rosettenform in einem ungewöhnlichen Aprikosenton mit rosafarbenen Nuancen. Die Blüten erscheinen in Gruppen an überhängenden, bis zu 2 m langen Trieben. Sie verströmen einen süßen und fruchtigen Duft.

Charakter Diese Sorte bildet einen aufrechten, stark wachsenden und breitbuschigen Strauch, der bei einer Breite von 1,50 m etwa 1,80 m hoch werden kann. In wärmeren Regionen kann die Rose fast 3 m erreichen und eignet sich dann besser als Kletterrose für Säulen und Pergolen. Das Laub ist sehr gesund, krankheitsresistent und dunkelgrün glänzend – ein perfekter Hintergrund für die aprikosenfarbenen Blüten.

Standort Eine sorgfältige Planung des Standortes ist wichtig, damit die Pflanze ausreichend Platz hat, sich zu entwickeln. Am besten gedeiht sie in voller Sonne. Sie kann als Solitär oder in Gruppen in Beete oder auf größere Flächen gepflanzt werden, ist aber auch als Kübelpflanze erhältlich.

Pflege Die robuste und blühfreudige Rose macht jedem Gärtner Freude, allerdings reinigt sie sich nur schlecht. Die ockerfarbenen, welken Blütenblätter bleiben an der Blüte haften, was ein regelmäßiges Ausputzen erfordert. Stark überhängende Triebe können angebunden werden.

Leda

Gruppe Alte Rose, Damaszenerrose

Herkunft Diese Rose unbekannter Herkunft ist seit 1827 bekannt und wird auch unter dem Namen 'Painted Damask' gehandelt

Blüte Diese einmal blühende Strauchrose bringt mittelgroße, flache, stark gefüllte, gelblich-weiße Blüten hervor, deren Blütenblätter einen roten Rand tragen. Beim Aufblühen zeigen die Blüten ein knopfartiges Auge aus locker nach innen gebogenen Blütenblättern. Die Blüten verströmen einen starken Duft.

Charakter Mit etwa 1 m ist diese Rose eher niedrig. Dafür wächst sie kräftig verzweigt und in die Breite. Die Blätter sind dunkelgrün, behaart und glänzen matt. Die Sorte gilt als winterhart und vor allem als krankheitsresistent.

Standort An einem sonnigen Standort fühlt sich die problemlos gesunde 'Leda' besonders wohl. Man kann sie in Gruppen oder auch als Solitär in Beete oder Rabatten pflanzen.

Pflege Auch wenn er schnell in die Breite wächst, kann man den Strauch leicht in einer kompakten Form halten, indem man ihn nach der Blüte bis ins alte Holz zurückschneidet. So kommt es im Herbst außerdem noch zu einer spärlichen Nachblüte.

Leonardo da Vinci

Gruppe Beetrose, Moderne Rose, Floribundarose

Herkunft Die Rose, die auch unter der Schreibweise 'Léonard de Vinci' bekannt ist, wurde im Jahre 1994 von dem französischen Rosenzüchter Meilland vorgestellt.

Blüte Diese Sorte blüht sehr üppig den ganzen Sommer und Herbst hindurch. Die rosa bis dunkelrosa Blüten entwickeln sich aus kegelförmigen Knospen, erinnern an Pfingstrosen, sind stark gefüllt, geviertelt und öffnen sich schalenförmig. Sie werden etwa 8 cm groß und erscheinen einzeln oder in kleinen Büscheln. Ihr Duft ist leider schwach.

Charakter Die kleine, aber sehr robuste und winterharte Beetrose wächst aufrecht, breitbuschig und gut verzweigt. Sie wird ca. 50 cm breit und 60 cm hoch. Das gesunde, krankheitsresistente Laub ist dicht, dunkelgrün und etwas ledrig. Die Rose gehört aufgrund der romantischen Blütenform auch zu den nostalgischen Rosen.

Standort 'Leonardo da Vinci' fühlt sich in der Sonne wie im Halbschatten wohl. Die Rose kann einzeln oder in Gruppen gepflanzt werden. Auch eignet sie sich als Hecke. Sie kann als Hochstamm auch in einem Kübel kultiviert werden.

Pflege Für eine flächendeckende Gruppenpflanzung sollten sechs bis sieben Pflanzen pro Quadratmeter eingesetzt werden.

Lichtkönigin Lucia

Gruppe Strauchrose

Herkunft Diese Sorte wurde im Jahre 1966 in der deutschen Rosenschule Kordes gezüchtet. International ist sie auch unter den Namen 'Lucia' und 'Reine Lucia' bekannt.

Blüte In warmen Sommern blüht sie die ganze Saison hindurch. Aus sehr attraktiven gelb-rot gestreiften Knospen werden zitronengelbe, leicht gefüllte, 10 cm große Blüten. Sie erscheinen gruppenweise in Dolden, öffnen sich flach-schalenförmig und zeigen in der Mitte ihre roten Staubgefäße. Sie verströmen einen angenehmen Duft.

Charakter Die Sorte ist sehr robust, krankheitsfest und winterhart. Der Strauch wächst sehr aufrecht und buschig verzweigt. Er kann eine Höhe von 1,50 m erreichen und wird dabei ca. 90 cm breit. Die großen, dunkelgrünen Blätter sind gewellt und glänzend. Die sehr regenfeste Sorte erhielt 1968 das ADR-Prädikat.

Standort Die 'Lichtkönigin Lucia' gedeiht sowohl in der Sonne wie im Halbschatten. Da sie sehr aufrecht wächst, eignet sie sich nicht nur für Gruppen, sondern auch als Solitär oder Kletterrose.

Pflege Diese Rose stellt keine hohen Ansprüche. Extrem heiße und trockene Standorte sollten jedoch vermieden werden.

Liebeszauber

Gruppe Teehybride

Herkunft Diese Rose stammt aus dem Jahre 1990 und wurde von der deutschen Rosenschule Kordes vorgestellt. Sie ist auch unter dem Namen 'Crimson Spire' bekannt.

Blüte Die Blüten dieser Rose erneuern sich den ganzen Sommer und Herbst hindurch. In großer Zahl erscheinen tiefrosafarbene Blüten. Sie öffnen sich mit einer hohen Mitte, werden dann aber locker becherförmig mit gewellten Blütenblättern. Sie duften angenehm.

Charakter Die Pflanze wächst schnell, dicht verzweigt, kräftig und aufrecht und kann je nach Klimazone sehr hoch werden. Die Blätter erscheinen zunächst rötlich, werden dann aber dunkelgrün.

Standort An einem vollsonnigen Standort gedeiht die Rose am besten. Sie kann als Solitär oder in Gruppen in Beete und Rabatten gepflanzt werden. Auch als Schnittblumen sind die Blüten an den langen Stielen sehr beliebt.

Pflege Hin und wieder benötigt die Rose einen Verjüngungsschnitt. Das Ausputzen während des Sommers jedoch entfällt, da die Pflanze sich selbst reinigt, indem die verwelkten Blütenblätter säuberlich abfallen.

Lilian Austin

Gruppe Strauchrose, Englische Rose

Herkunft Diese Rose stammt aus dem Jahr 1973 und wurde von dem britischen Rosenzüchter David Austin vorgestellt.

Blüte Nach der ersten Hauptblüte erscheinen den ganzen Sommer und Herbst hindurch fortlaufend weitere Blüten. Sie sind halb gefüllt bis gefüllt und haben eine recht lockere, zerzauste Form in Lachsrosétönen mit einem Hauch Aprikot, das zur Mitte hin dunkler wird. Sie erscheinen einzeln oder in Gruppen bis zu fünf Blüten. Sie verströmen einen schwachen, angenehmen Duft.

> **INFO** *Der Rosenzüchter David Austin benannte diese Rose nach seiner Mutter Lilian, die ebenfalls eine große Rosenliebhaberin war.*

Charakter Der Strauch wächst breitwüchsig, aber sehr kompakt, sodass er auch schon fast als Bodendecker bezeichnet werden kann. Er erreicht die für Strauchrosen typische Höhe von etwa 1,50 m. In wärmeren Regionen wird die Rose höher, und es bilden sich viele lange und überhängende Triebe. Das gesunde und recht krankheitsresistente Laub ist sehr üppig, dunkelgrün und glänzend. 'Lilian Austin' stammt von der berühmten Rose 'Aloha' ab und hat viele ihrer Charakteristika an spätere Englische Rosen weitergegeben.

Standort Diese Sorte kann sowohl an einem sonnigen als auch an einem halbschattigen Standort kultiviert werden. Sie eignet sich zur Gruppenbepflanzung, als Solitär oder auch als Hecke. In warmen Klimazonen kann sie auch zu einer niedrigen Kletterpflanze gezogen werden.

Pflege Die Rose sollte nach der Blüte kräftig zurückgeschnitten werden, die starken Haupttriebe um ein Drittel, die schwächeren Triebe um zwei Drittel. Der Austrieb wird dadurch kräftiger, da die verbliebenen Augen jetzt alle Kraft zum Wachsen haben.

Lilli Marleen

Gruppe Beetrose, Floribundarose

Herkunft Im Jahre 1959 ging diese Rose aus der Rosenschule Kordes in Deutschland hervor. International wird sie auch unter den Schreibweisen 'Lili Marléne' und 'Lilli Marlene' angeboten.

TIPP *Besonders attraktiv wirkt das Beet, wenn Sie einige weiße Rosen dazwischen pflanzen.*

Blüte Im Frühjahr und Sommer überziehen die Blüten in großer Zahl den gesamten Strauch. Aus ovalen, tropfenförmigen Knospen entwickeln sich mittelrote, schalenförmige, locker gefüllte und etwa 8 cm große Blüten, die in Dolden zu etwa 15 Blüten stehen. Sie verströmen einen milden, frischen Duft, der jedoch nur aus der Nähe wahrzunehmen ist.

Charakter Die robuste und regenfeste Rose wächst buschig verzweigt und wird ca. 50 cm hoch. Auch wenn sie aufrecht wächst, wirkt sie etwas untersetzt. Das anfangs rötliche Laub wird später lederartig und dunkelgrün. Leider ist es nicht immer ganz gesund, auch wenn die Pflanze als resistent gegen Pilzerkrankungen gilt. In vielen Parks und Gärten Europas ist sie als feuerroter Farbtupfer zu sehen. 1960 erhielt sie das ADR-Prädikat.

Standort 'Lili Marleen' benötigt einen voll sonnigen Standort, um zu gedeihen, allerdings wächst sie auch in Höhenlagen sehr gut. Als strauchige Beetrose sollte sie in Gruppen gepflanzt werden und kann so auch größere Flächen begrünen.

Pflege Diese Sorte erfordert eine sorgsame Pflege und stellt hohe Anforderungen an ihren Standort. In Gruppen gepflanzt sollten nicht mehr als zwei bis drei Pflanzen pro Quadratmeter eingesetzt werden.

INFO

Ein Schlager als Pate

An einem feucht-fröhlichen Abend mit Freunden beschloss der Züchter, seine Rose nach dem Lied zu benennen, das die Soldaten an der Front im letzten Weltkrieg glücklich oder aber heimwehkrank machte und die Sängerin Lale Andersen mit Lilli Marleen verschmelzen ließ.

Long John Silver

Gruppe Großblumige Kletterrose

Herkunft Diese Rose stammt aus den Vereinigten Staaten und wurde im Jahre 1934 in der Rosenschule Horvarth gezüchtet.

Blüte Die Sorte blüht einmal und oft erst Anfang Juli. Die Blüten sind bis zu 10 cm groß, silbrig weiß, stark gefüllt und öffnen sich schalen- bis becherförmig. Wie eine alte Zentifolie haben sie eine sehr krause Mitte. Die regenfesten Blüten erscheinen in Büscheln, halten lange und duften angenehm.

Charakter Die Kletterrose ist sehr wuchsfreudig und kräftig. Sie kann eine Höhe von bis zu 4 m erreichen. Die Blätter sind sehr groß, mittelgrün und ledrig. Die Rose gilt als kälte- und krankheitsfest.

Standort Die Pflanze sollte in südlicher Lage stehen, darf der Sonne aber nicht direkt ausgesetzt sein. Am besten gedeiht sie bei wenig bis keiner Sonne. Sie eignet sich für den Bewuchs von Pergolen, Bögen und Säulen.

Pflege Aufgrund ihrer Wuchsfreude sollte diese Kletterrose regelmäßig zurückgeschnitten werden. Entfernen Sie alle abgestorbenen und quer wachsenden Triebe vollständig und kürzen Sie die Seitentriebe auf zwei Augen. Der Rückschnitt darf nur direkt nach der Blüte erfolgen, da sich die Blüten an den Trieben des Vorjahres bilden.

Louise Odier

Gruppe Alte Rose

Herkunft 'Louise Odier', die auch als 'Mme de Stella' bekannt ist, wurde 1851 von Jules Margottin in Frankreich gezüchtet.

Blüte Die Rose blüht sehr verlässlich und fast durchgehend von Juni bis in den Herbst. 'Louise Odier' bringt zahlreiche hell-rosenrote, schön geformte, sehr dicht gefüllte, großblumige, geviertelte Blüten hervor. Die Blüten erscheinen in großen Büscheln. Ihr starker, lieblicher Duft ist betörend.

Charakter Die mattgrüne, gesunde Strauchrose wächst aufrecht, leicht überhängend und kann bei einer Breite von 1,20 m bis zu 1,80 hoch werden. Die buschig überhängenden Triebe sind mit hellgrünen, matten Blättern und braunen Stacheln besetzt.

TIPP Es empfiehlt sich, den überhängenden Strauch wegen der schweren Blütenlast aufzubinden.

Standort Die Rose verträgt auch halbschattige Standorte. Sie kann einen dekorativen Einzelstrauch bilden, aber auch in Gruppen und Hecken gepflanzt werden. Auch als Kletterpflanze für Säulen und Pergolen sowie als Kübelpflanze ist sie geeignet.

Pflege Wenn die verwelkten Blüten regelmäßig ausgeschnitten werden, ist sie ein echter und dankbarer Dauerblüher.

Lykkefund

Gruppe Kletterrose, Ramblerrose

Herkunft Diese Rose wurde 1930 in Dänemark gezüchtet und stammt aus der Rosenschule Olsen.

Blüte Die Sorte blüht nur einmal im Hochsommer, dafür aber umso üppiger. In riesigen Dolden erscheinen die halbgefüllten Blüten. Sie sind mittelgroß und cremegelb mit einer dunkleren, rosa getönten Mitte, in der sich die attraktiven orangefarbenen Staubgefäße zeigen. Unter Sonneneinstrahlung verblassen die Blüten zu einem zarten Weiß. Sie duften sehr intensiv.

Charakter Der wuchsfreudige und winterharte Rambler kann bis zu 7 m hoch und 5 m breit werden. Er wächst sehr aufrecht und kräftig. Die langen Triebe besitzen fast keine Stacheln. Die Blätter sind klein und mittelgrün, an den Rändern glänzen sie bronzefarben, was zu den hellen Blüten sehr hübsch aussieht.

Standort Die Rose verträgt Sonne wie auch Halbschatten und toleriert problemlos auch nährstoffärmere Böden. Rasch hat sie Mauern, Zäune und Wände begrünt und überwuchert. Sie erklimmt aber auch schnell einen Baum oder ein Rankgerüst.

TIPP *Nutzen Sie diese Rose, um Licht in dunkle Gartenecken zu bringen.*

Pflege Achten Sie darauf, lange Triebe grundsätzlich nicht zurückzuschneiden, sondern nur anzubinden. Gekürzt werden nur die Seitenzweige, die bis zum Herbst ausreifen und im Folgejahr blühen.

TIPP

Rosen für den Gaumen
Für kulinarische Zwecke sollten Sie ausschließlich intensiv duftende Rosenblüten wie die Blüten der 'Lykkefund' verwenden, da sie besonders viele ätherische und aromatische Öle enthalten und nur sie Ihr Gericht entsprechend aromatisieren können. Am besten pflücken Sie Rosenblüten für die Küche am frühen Morgen, wenn es noch kühl und frisch ist, und verarbeiten sie so rasch wie möglich.

Magic Meillandecor

Gruppe Bodendeckerrose

Herkunft Diese Rose wurde 1993 von Meilland in Frankreich vorgestellt. Der Name 'Magic Meidiland' steht für dieselbe Rose.

Blüte Diese Sorte blüht sehr üppig die gesamte Saison hindurch. Aus rundlichen, oben zugespitzten Knospen entwickeln sich kräftig rosafarbene Blüten, die bis zu 4 cm groß werden und in Büscheln zu etwa 15 Blüten erscheinen. Die Blüten öffnen sich schalenförmig und sind stark gefüllt. Leider duften sie kaum.

Charakter Der kleine Bodendecker wächst flach und strauchförmig und wird etwa 50 cm hoch. Allerdings kann er bis zu 1,20 m breit werden. Die gesunden Blätter sind klein und im Austrieb bronzefarben. Später werden sie glänzend dunkelgrün und bleiben bis weit in den Herbst schön. Die Rose gehört zu den robustesten Rosen überhaupt, ist winterhart, regenfest und sehr widerstandsfähig gegen Mehltau und Sternrußtau. 1995 erhielt sie das ADR-Prädikat.

Standort An einem sonnigen Standort ist sie als schneller Bodendecker – einzeln oder in Gruppen gepflanzt – geradezu ideal. Im Kübel ist sie auch als Stammrose erhältlich.

Pflege Aufgrund ihrer robusten Gesundheit benötigt diese Rose kaum Pflege und kann als ideale Anfängerrose angesehen werden.

Mandarin

Gruppe Zwergrose

Herkunft Die deutsche Rosenschule Kordes stellte im Jahre 1987 diese Rose vor.

Blüte Die kleine Zwergrose blüht während der ganzen Saison. Die Blüten sind gefüllt, orangegelb und öffnen sich becherförmig, werden später aber flacher. Sie erscheinen in kleinen Dolden. Am Rand leuchten die Blütenblätter in einem tiefen Lachsrosa. Mit etwa 10 cm Durchmesser sind die Blüten für die kleine Pflanze sehr groß. Sie duften leicht.

Charakter Die kleine Rose wächst buschig und kompakt und wird etwa 25–30 cm hoch. Die Triebe sind kurz, die Blätter sehr groß und tief dunkelgrün glänzend. So bildet das Laub einen herrlichen Kontrast zu dem Orangerosa der Blüten.

Standort An einem sonnigen Standort gedeiht die Rose am besten. Sie eignet sich vor allem für kleine Pflanzgefäße oder Balkonkästen, kann aber auch in Gruppen in Beete gepflanzt werden.

Pflege Regelmäßig gegossen und gedüngt macht diese kleine Rose jedem Gärtner große Freude, da sie dank ihrer großen, zweifarbigen Blüten eine echte Augenweide ist.

Manou Meilland

Gruppe Beetrose, Teehybride

Herkunft Diese französische Rose wurde im Jahre 1979 von der Rosenzüchterfamilie Meilland ins Leben gerufen.

Blüte Die ganze Saison hindurch erscheinen die Blüten in üppiger Zahl. Die spitzen, leicht konischen und roten Knospen öffnen sich zu mauve- bis fliederfarbenen, dicht gefüllten, etwa 10 cm großen Schalenblüten, die in kleinen Büscheln erscheinen. An der Unterseite leuchten die Blüten leicht silbrig. Sie verströmen einen intensiven Duft und halten sich sehr lange, ohne zu verblassen.

Charakter Der kleine Strauch wächst aufrecht und reich verzweigt. Dabei kann er etwa 70–80 cm hoch werden. Er ist üppig mit dunkelgrün glänzendem Laub bekleidet. Es handelt sich um eine sehr charmante Beetrose, die sich seit Jahren großer Beliebtheit erfreut.

> **INFO**
>
> *Vorsicht*
> *Die Blätter sind etwas anfällig für Rußtau,*
> *werden aber kaum von Mehltau befallen.*

Standort An einem sonnigen Standort verträgt diese Rose kaltes wie warmes Klima. Sie ist eine ausgezeichnete Rabattenrose und kann in Gruppen oder einzeln gepflanzt werden. Kombiniert mit Stauden wirkt sie besonders attraktiv. Sie ist auch als Hochstamm erhältlich.

Pflege Für eine flächendeckende Bepflanzung sollten Sie sechs bis sieben Pflanzen pro Quadratmeter einplanen. Achten Sie auf eine ausreichende Düngung im Mai und Juni, um einem eventuellen Rußtaubefall vorzubeugen. An einem luftigen Standort erhebt die Rose keine allzu hohen Pflegeansprüche.

INFO

Marie-Louisette Meilland

Marie-Louisette Meilland ist die Matriarchin der französischen Rosenzüchterfamilie Meilland. Allerdings wurde sie zeitlebens Manou gerufen und stand damit für diese Rose Pate. Zweifellos wird die Familie ihren Namen nur einer Spitzensorte gegeben haben, auf die sie besonders stolz sein kann.

Max Graf

Gruppe Flächenrose, Bodendeckerrose

Herkunft Diese Rose stammt aus den Vereinigten Staaten und wurde im Jahre 1919 von dem Rosenzüchter Bowditch vorgestellt.

> **TIPP** *Da diese Sorte sehr breit wächst, sollten Sie nicht mehr als ein bis zwei Pflanzen pro Quadratmeter einplanen.*

Blüte Die Sorte blüht nur einmal im Juni. Die tief karminroten Knospen öffnen sich zu einfachen, schalenförmigen und etwa 6 cm großen Blüten. Sie sind schön geformt und leuchten in einem hübschen Zartrosa.

In der Mitte legen die geöffneten Blüten ihre goldgelben Staubgefäße frei. In der Sonne werden die kaum duftenden Blüten allmählich heller.

Charakter Es handelt sich um eine der ältesten Bodendeckerrosen. Wenn sie Platz genug hat und nicht durch andere Pflanzen hochgeschoben wird, erreicht sie eine Höhe von ca. 50 cm. Sie hat ca. 1–3 m lange, kriechende und rankende Triebe mit sehr attraktivem, gesundem und leicht gewelltem Laub.

Standort In sonniger Südlage gedeiht die sehr frostharte Rose am besten. Sie eignet sich sowohl für Ebenen als auch für Schräg- und Steillagen. Verwendung findet sie vor allen Dingen dort, wo Hänge und Böschungen befestigt oder große Flächen begrünt werden sollen.

> **TIPP**
>
> **Der Rückschnitt von Bodendeckerrosen**
> Bodendeckerrosen werden sehr stark zurückgeschnitten, da sie an den jungen Trieben besonders reich blühen. Schwachwüchsige Sorten schneidet man auf drei bis vier Augen zurück, starkwüchsige auf vier bis sechs. Für eine besonders flächige Wirkung sollten alle Triebe in einer Höhe abgeschnitten werden.

Pflege Für Gartenfreunde, die nicht viel Arbeit in ihren Garten investieren möchten, ist diese Rose geradezu ideal geeignet, da sie kaum Ansprüche stellt und ausgesprochen schnell große Flächen mit ihrem Blütenteppich bedeckt.

Maxima

Gruppe Alte Rose, Albarose

Herkunft Diese alte Rose war bereits im 15. Jahrhundert bekannt und entstand wahrscheinlich aus der Kreuzung einer Wildrose mit einer Gallicarose. Unzählige Namen stehen für dieselbe Rose: 'Jakobitenrose', 'Jacobite Rose', 'White Rose of York', 'Great Double White' und 'Bonnie Prince Charlie's Rose'.

Blüte Die Rose ist einmalblühend, blüht dafür aber über mehrere Wochen. Die Blütezeit beginnt im Juni. Die Blüten sind stark gefüllt und erstrahlen in leuchtendem Weiß, das von einem zarten Rosaton überhaucht wird. Sie erscheinen in Büscheln zu etwa acht Blüten und verströmen einen sehr angenehmen Duft.

> **TIPP** *Wenn Sie den Charme romantischer Bauerngärten lieben, ist diese Rose für Sie genau das Richtige.*

Charakter Diese älteste bekannte weiße Rose wächst dicht und strauchförmig. Dabei kann sie gute 1,80 m hoch und etwa 1,20 m breit werden. Die Rose ist sehr robust und frosthart. Nach der Blütenpracht im Frühsommer wird der Strauch im Herbst von zahlreichen Hagebutten verziert.

Standort Nicht nur in der Sonne, sondern auch an einem halbschattigen Standort kann 'Maxima' ihre volle Pracht entfalten. Auch toleriert sie sandige und nährstoffarme Böden. Die Rose kann als Solitär oder in Gruppen gepflanzt werden und eignet sich auch für Hecken.

Pflege Wenn er genügend Platz hat und nicht zu eng steht, gedeiht dieser Rosenstrauch auch fast von allein, denn er braucht viel Luft und Platz, um sich zu entfalten.

TIPP

Hagebuttenmarmelade
Zutaten: 500 g Hagebutten ohne Samen, 2 Zitronen, 100 ml Wasser, 350 g Honig

Zubereitung: Die Hagebutten waschen, halbieren und die Kerne entfernen (Handschuhe verwenden). Die Zitronen auspressen. Den Saft mit Wasser und Hagebutten so lange köcheln, bis die Hagebutten weich sind. Den Honig zugeben und 15 Minuten unter Rühren köcheln. In Gläser füllen, abkühlen lassen und nach 1 Stunde verschließen.

Mein schöner Garten

Gruppe Strauchrose, Moderne Rose

Herkunft 1997 züchtete die deutsche Rosenschule Kordes diese Rose.

Blüte Die Sorte blüht sehr üppig und den ganzen Sommer hindurch. Aus rundlichen Knospen entwickeln sich edle, locker gefüllte, lachsrosafarbene Blüten, die zur Mitte hin etwas heller werden. Sie erscheinen in Dolden zu sechs bis acht Einzelblüten und sind sehr regenfest. Ihr Duft ist angenehm und fruchtig.

Charakter 'Mein schöner Garten' wird zu einem aufrechten, breitbuschig und gut verzweigten Strauch, der etwa 1,20 m hoch und 90 cm breit wird. Das dunkelgrün glänzende Laub ist sehr gesund und robust. Gekonnt kombiniert die Pflanze die Romantik der Alten Rosen mit der Gesundheit der Modernen.

Standort Die Rose gedeiht nicht nur an einem voll sonnigen Standort, sondern auch in Lagen, die im Halbschatten liegen. Sie kann auch als Solitär gepflanzt werden, wirkt jedoch in Gruppen besonders attraktiv. Auch in einem Kübel gedeiht sie gut.

Pflege Die robuste Natur dieser Rose macht ihre Pflege einfach. Für eine flächendeckende Bepflanzung benötigen Sie ein bis zwei Pflanzen pro Quadratmeter.

Mirato

Gruppe Bodendeckerrose

Herkunft Diese Rose wurde 1974 von Tantau vorgestellt.

Blüte 'Mirato' blüht recht üppig und über die ganze Saison. Die Knospen öffnen sich langsam zu wunderschönen, gefüllten, leuchtendrosa gefärbten Blüten. Die geöffneten Blüten zeigen ihre Herzen mit den strahlend gelben Pollen. Sie duften schwach.

Charakter Der kompakte und verzweigte Strauch wird etwa 60 cm hoch und ca. 30 cm breit. Das kleine, dunkelgrün glänzende Laub bleibt bis weit in den Herbst hinein hängen. Für öffentliche Anlagen und Naturgärten ist diese Rose wie geschaffen, da sie reich und ausdauernd blüht und außerdem eine hohe Resistenz gegen Krankheiten aufweist.

Standort Am besten gedeiht die Sorte an einem sonnigen Standort. Man kann sie wunderbar als Bodendecker oder für niedrige Beete einsetzen, am besten in kleineren Gruppen.

Pflege Um den Pflanzen genug Platz zu lassen, sollten nicht mehr als zwei bis drei Pflanzen pro Quadratmeter eingeplant werden. Achten Sie auf einen starken Rückschnitt.

Mme Hardy

Gruppe Alte Rose, Damaszenerrose

Herkunft Diese französische Rose stammt aus dem Jahre 1832 und wurde von Alexandre Hardy gezüchtet.

Blüte Die Sorte blüht einmal im Sommer. Die Blüten sind weiß, stark gefüllt und ca. 7 cm groß. Die perfekt geformten Blüten sind flach und zurückgebogen, in ihrer Mitte tragen sie ein sichtbares grünes Auge. Sie verströmen einen zarten Duft nach Zitrone.

> **TIPP** *In Gruppen gepflanzt erscheinen die Blüten dieser Rose in größerer Anzahl. Als Solitär blüht sie nicht ganz so üppig.*

Charakter 'Mme Hardy' gilt als eine der schönsten weißen Rosen. Sie wächst strauchförmig und aufrecht und verzweigt sich dabei gleichmäßig. Der elegante Strauch kann bis zu 1,80 m hoch wie breit werden. Das Laub ist üppig und mittelgrün. Da sie von den Albarosen und den Zentifolien abstammt, ist sie im engeren Sinne keine reine Damaszenerrose.

Standort An sonnigen wie auch an schattigen Standorten ist diese Rose in der Lage, ihre Schönheit zu zeigen. Sie toleriert selbst nährstoffärmere Böden. Sie kann als Solitär oder in Gruppen in Beete und Rabatten gepflanzt werden.

Pflege Lassen Sie beim Rückschnitt die Triebe in der Mitte des Strauches etwas höher stehen, damit der Strauch seine rundliche und elegante Form behält. Achten Sie auf ausreichenden Pflanzabstand und setzen Sie nicht mehr als eine Pflanze pro Quadratmeter.

INFO

Alexandre Hardy
Alexandre Hardy war der leitende Gärtner des Palais de Luxembourg in Paris, das im Jahre 1848 die schönste Rosensammlung Frankreichs enthielt. Er züchtete zahlreiche Sorten, darunter auch diese im Jahre 1832, die er nach seiner Frau benannte. Sie sollte zu einer klassischen und berühmten weißen Rose werden.

Mme Legras de St. Germain

Gruppe Alte Rose, Albarose

Herkunft St. Germain ist ein Vorort von Paris, Mme Legras allerdings muss anonym bleiben, denn von dieser Rose ist nur bekannt, dass es sie bereits von 1846 gegeben hat.

> **TIPP**
>
> *Weiße Rosen wirken in einer Vase aus durchsichtigem Glas am besten. Farbige Vasen nehmen den weißen Blüten ihre Eleganz.*

Blüte Diese Sorte ist einmalblühend, nur selten kommt es zu Nachblüten. Die elfenbeinweißen Blüten sind stark gefüllt, flach und geviertelt. Zunächst öffnen sich die Blüten becherförmig und werden dann zu etwa 5 cm großen Rosetten, die in Büscheln stehen. Ihr gelblicher Anflug ist untypisch für Albarosen und deutet auf Noisetterosen in der Ahnenreihe hin. Die Blüten sind überraschend regenfest und duften lieblich.

Charakter Der Strauch wächst strauchförmig bis kletternd und kann bis zu 3 m hoch werden. Dabei wird er ungefähr 1,80 m breit. Die Triebe tragen nur wenige Stacheln und sind mit üppigem, hellgrünem Laub bedeckt.

> **INFO**
>
> **Strauchrosen**
> *Aufrecht wachsende Sorten bleiben an der Basis schmal und brauchen weniger Platz als bogig überhängende. Daher sind sie auch besser für kleinere Gärten geeignet. Strauchrosen, die so breit wie hoch werden, sollten den größeren Gärten vorbehalten bleiben.*

Standort Als weiße Rose eignet sich 'Mme Legras de St. Germain' vor allem für dunklere Gartenecken, denen sie ihr Licht verleiht, zumal sie auch im Halbschatten hervorragend gedeiht. Auch nährstoffärmere oder sandige Böden machen ihr nichts aus. Als freistehender Strauch oder als Kletterrose ist sie immer ein Blickfang. Auch als Schnittrose ist diese Sorte äußerst dankbar.

Pflege Ein leichter Rückschnitt nach der Blüte ist empfehlenswert, weil er eine leichte herbstliche Nachblüte begünstigen kann.

Montezuma

Gruppe Edelrose, Teehybride

Herkunft Diese Rose wurde im Jahre 1955 in den Vereinigten Staaten von H. C. Swim gezüchtet.

Blüte Die Blütezeit dieser öfter blühenden Sorte erstreckt sich über die gesamte Saison. Die Knospen sind urnenförmig und entfalten sich zu eleganten, großen, hoch gebauten, 9 cm großen Blüten aus 36 Blütenblättern in kräftigen Orange-Rosa-Tönen. In der Sonne wird der Farbton allmählich schmutzig. Sie duften nur schwach.

Charakter Die Pflanze wächst kräftig, dicht verzweigt sowie aufrecht und erreicht bei einer Breite von ca. 70 cm eine Höhe von etwa 1,30 m.

Das dichte Laub ist ledrig und matt glänzend. Insgesamt handelt es sich bei dieser mehrfach preisgekrönten Rose um eine gute Gartenrose, auch wenn sie nicht sehr klimafest ist.

Standort Wählen Sie für diese Rose einen voll sonnigen Standort. Da sie sehr hoch wird, eignet sie sich hervorragend für den Hintergrund eines Beetes, wo sie in Gruppen oder einzeln gepflanzt immer attraktiv aussieht. Als langstielige Schnittblume ist sie besonders beliebt.

Pflege Achten Sie auf Mehltau, denn diese Sorte ist leider etwas anfällig.

Moonlight

Gruppe Strauchrose, Moschushybride

Herkunft Die Rose wurde im Jahre 1913 von der britischen Rosenschule Pemberton gezüchtet.

Blüte Dolden cremeweißer Blüten bedecken den Strauch vom Frühsommer bis in den Herbst hinein. Die Blüten sind einfach und erscheinen in geordneten Büscheln. In der Mitte zeigen sie ihre gelben Staubgefäße. Die Blüten verströmen einen leichten Moschusduft.

Charakter Es handelt sich um eine sehr wüchsige Pflanze, die mit mehr als 1,50 m hoch und buschig wird. Sie ist dicht verzweigt. Die rotbraunen Triebe werden von glänzend dunkelgrünem Laub verziert, das einen wunderbaren Kontrast zu den hellen Blüten bildet.

Standort An einem sonnigen Standort gedeiht diese Rose am besten. In Notfällen toleriert sie auch nährstoffärmere Böden. Sie ist eine ausgezeichnete Heckenrose, kann aber auch in Gruppen oder als Solitär in Beete und Rabatten gepflanzt werden. Allerdings ist sie so wüchsig, dass man sie manchmal besser als kleine Kletterrose halten sollte.

Pflege Nach der Blüte ist ein guter Rückschnitt wichtig: Alte und abgestorbene Triebe entfernen Sie bodennah, den Rest kürzen Sie um ein bis zwei Drittel.

Morning Jewel

Gruppe Großblumige Kletterrose

Herkunft Die Rose stammt aus Großbritannien und wurde im Jahre 1968 von der Rosenschule Cocker vorgestellt.

Blüte Die Sorte blüht üppig im Frühsommer und zeigt mehrere Nachblüten. Einzeln oder zu zweit erscheinen locker gefüllte, schalenförmige und etwa 12 cm große Blüten in einem hübschen Rosarot. Sie duften stark und lieblich.

Charakter Die Kletterrose wächst aufrecht und strauchförmig und kann Höhen bis zu 3 m erklimmen, dabei wird sie fast ebenso breit. Die Zweige hängen weit über. Das üppige Laub ist recht gesund und glänzend hellgrün, was sehr schön mit dem Karminrosa der Blüten harmoniert. 1975 erhielt die Rose das ADR-Prädikat.

TIPP *Wenn fast alle Plätze im Garten schon belegt sind, sind Kletterrosen die richtige Wahl, sie wachsen einfach nach oben.*

Standort An einem sonnigen Standort in voller Südlage wird 'Morning Jewel' zu einer der besten rosafarbenen Kletterrosen für Pergolen, Bögen und Säulen. Auch dort, wo andere Rosen versagen, etwa an stark beschatteten oder windigen Stellen, kommt diese Rose noch zurecht, allerdings fallen die Blütenschübe dann nicht mehr so üppig aus. Die Rose ist auch als Kaskadenrose oder Trauerstamm erhältlich.

Pflege Die wuchtige Kletterrose ist sehr pflegebedürftig und sollte auch, obwohl sie eigentlich als wetterfest gilt, im Winter gut geschützt werden.

TIPP

Rosenlikör

Zutaten: 20 Rosenknospen von Duftrosen, 1 l milder Weinbrand, 150 g Kandiszucker, 2 Bröckchen Ingwer

Zubereitung: Die Rosenknospen waschen und abtropfen lassen. Die Knospen, den Kandiszucker und den Ingwer in ein Steingutgefäß füllen, anschließend mit dem Weinbrand übergießen. Mit einem Holzlöffel verrühren und gut verschließen. Nach 3 Tagen nochmals durchrühren. Den Rosenweinbrand an einen warmen Ort stellen und ca. 3 Wochen ziehen lassen. Die Rosenknospen können bis zum Verzehr im Weinbrand bleiben.

Muttertag

Gruppe Beetrose, Polyantharose

Herkunft Im Jahre 1950 entstand diese Rose aus der Hand des Züchters Grootendorst. International ist sie unter den Namen 'Fete des Mères', 'Morsdag' und 'Mother's Day' bekannt.

INFO

Vorsicht!
Wie viele andere Polyantharosen ist auch diese Rose anfällig für Mehltau.

Blüte Die üppige Hauptblüte erfolgt im Frühsommer, es folgen ihr einige, weniger reiche Nachblüten. Die kugelförmigen, locker gefüllten, etwa 3 cm großen Blüten sind kirschrot und erscheinen in Büscheln zu ca. 10–20 Einzelblüten. Die Blütenblätter überlappen einander dicht und verhüllen das gesamte Herz, was den Blüten eine ungewöhnliche Form verleiht. Leider sind sie fast ganz geruchsfrei.

Charakter Die Pflanze wird nur 50 cm hoch, wächst aber breit verzweigt und strauchförmig. Die Blütentriebe werden knapp 60 cm lang und werden von zu Beginn olivgrünen, später dunkelgrünen kleinen Blättern verziert. In ganz Europa wird die Rose anfangs in Töpfen gezogen, damit sie rechtzeitig zum Muttertag blüht.

Standort 'Muttertag' verlangt einen sonnigen Standort. Als kleine Rose passt sie hervorragend in Beete und Rabatten oder auf Gräber. Auf Balkon oder Terrasse kann sie im Kübel kultiviert werden.

Pflege Wie alle Beetrosen benötigt diese Sorte nach der Blüte einen kräftigen Rückschnitt. Für eine Gruppenbepflanzung sollten etwa drei bis vier Pflanzen pro Quadratmeter eingeplant werden.

INFO

Alle die Blumen
Alle die Blumen sind ohne Harm.
Nur die rote Rose nicht, sie sticht!
Sticht, wie die liebe Sonne so warm,
Mai ist ohne die Rose nur arm,
Mai ist ohne die Rose nur Qual –
Ihr stillen Gründe, du einsam Tal.

Achim von Arnim (1781–1831)

NDR 1 Radio Niedersachsen

Gruppe Großblumige Beetrose

Herkunft Aus der deutschen Rosenschule Wilhelm Kordes ging diese Rose im Jahre 1996 hervor.

INFO *Ein Teil des Verkaufserlöses dieser Rose geht als Spende an das Rosarium Sangerhausen.*

Blüte Die Blütenschübe dieser öfter blühenden Sorte sind fantastisch üppig. Die mittelgroßen, schalenförmigen, halbgefüllten Blüten entwickeln sich aus rosafarbenen Knospen und erscheinen in großen Dolden zu ca. 15 Einzelblüten. In der Mitte werden die goldgelben Staubgefäße sichtbar. Der feine Altrosaton der Blüten verblasst in der Sonne. Dennoch sind sie wetterfest und erscheinen die gesamte Saison hindurch unermüdlich. Sie verströmen einen milden und frischen Duft, der an den der Wildrosen erinnert.

Charakter Die spektakuläre Rose mit dem für Rosen eher ungewöhnlichen Namen wächst sehr kräftig, strauchförmig und aufrecht. Die frostharte Rose wird bis zu 1,20 m hoch und daher manchmal auch als Strauchrose klassifiziert. Das gesunde Laub ist glänzend und tief olivgrün. Außerdem ist es äußerst resistent gegen Krankheiten.

Standort In der Sonne wie im Halbschatten zeigt sich diese Rose von ihrer besten Seite. Man kann sie einzeln oder in Gruppen in Beete und Rabatten pflanzen. Sehr attraktiv ist sie auch als Kübelpflanze.

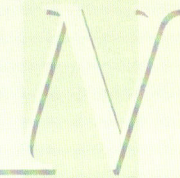

Pflege Die Sorte ist wie geschaffen für Rosenneulinge, da sie ausgesprochen pflegeleicht und krankheitsfest ist. Während der Blüte ist der Strauch selbstreinigend, da die verwelkten Blütenblätter einfach abfallen. Für eine flächendeckende Gruppenbepflanzung sollten nicht mehr als drei bis vier Pflanzen pro Quadratmeter eingesetzt werden, da die Sorte für eine Beetrose recht groß wird.

New Dawn

Gruppe Kletterrose, Rambler, Moderne Rose

Herkunft Im Jahre 1930 wurde diese Rose in den Vereinigten Staaten von Henry Dreer entdeckt und patentiert. Wahrscheinlich geht sie auf eine Züchtung von Dr. William Van Fleet aus dem Jahre 1910 zurück, weshalb sie auch unter dem Namen 'Everblooming Dr. W. van Fleet' bekannt ist.

Blüte Die Sorte blüht unermüdlich vom Frühsommer bis tief in den Herbst hinein, auch wenn die Üppigkeit schwankt. Die spitzen, edel geformten, kleinen und hellrosafarbenen Knospen öffnen sich schalenförmig zu halbgefüllten Blüten in einem ausgesprochen zarten Rosa. Die Blüten sind etwa 6–8 cm groß und erscheinen einzeln oder in Büscheln von bis zu zehn Einzelblüten. Sie duften angenehm würzig.

> **TIPP** *Bei einer Solitärpflanze wachsen die langen, dünnen Triebe in alle Richtungen und sollten etwas aufgebunden werden.*

Charakter Diese Sorte wächst kräftig und aufrecht. Die langen Triebe hängen bogig über, lassen sich aber hervorragend biegen. Die Pflanze kann bei einer Breite von 3 m etwa 4 m hoch werden. Die Blätter sind klein, mittelgrün, glänzend und äußerst gesund. Nach der langen Blütezeit schmücken zahlreiche Hagebutten die Pflanze. Die fast makellose, sehr robuste und frostharte 'New Dawn' ist der Liebling vieler Züchter und wurde zur „World Rose", zur beliebtesten Rose der Welt, gekürt.

Standort Die wüchsige Kletterrose gedeiht auch im Halbschatten oder in eher rauen Klimazonen. Aber auch die volle Sonneneinstrahlung macht ihr nichts aus. Sie eignet sich hervorragend zum Beranken von Pergolen, Spalieren, Rosenbögen oder Mauern. Man kann sie aber auch als Strauchrose einzeln oder in Gruppen pflanzen. Schließlich ist sie auch als Hochstamm oder Kübelpflanze erhältlich.

Pflege Sie wäre nicht so beliebt, wäre sie nicht so anspruchslos und pflegeleicht. Für eine Bepflanzung in Gruppen sollten nicht mehr als ein bis zwei Pflanzen gepflanzt werden.

Nostalgie

Gruppe Beetrose, Romantikrose, Teehybride

Herkunft Im Jahre 1955 stellte die deutsche Rosenschule Tantau diese Rose vor.

Blüte Die öfter blühende Sorte bringt die ganze Saison hindurch zahlreiche nostalgische Blüten hervor. Sie sind stark gefüllt, ballförmig und ca. 6–8 cm groß. Ihre Herzen sind cremeweiß, die äußeren Blütenblätter kirschrot. Die Blüten sind nicht sehr regenfest und duften nur schwach.

TIPP *Die Blüten eignen sich hervorragend für den Vasenschnitt und sind lange haltbar.*

Charakter Die kleine Rose kann bis zu 1 m hoch und etwa halb so breit werden. Sie wächst aufrecht, ist gut verzweigt und treibt schnell nach. Ihr mittelgroßes, glänzendes und tief dunkelgrünes Laub bildet einen hübschen Kontrast zu den zweifarbigen Blüten. Es handelt sich um eine sehr robuste, winterharte und gesunde Sorte.

Standort Um ihre Blütenpracht zu entfalten, benötigt 'Nostalgie' einen sonnigen Standort. Sie kann einzeln oder in Gruppen in Beete und Rabatten gepflanzt werden und ist auch als Hochstamm erhältlich. Auch in einem größeren Kübel lässt sie sich kultivieren.

Pflege Diese Romantikrose ist aufgrund ihrer robusten Gesundheit sehr pflegeleicht. Somit ist sie auch für Rosenneulinge etwas.

Nuits de Young

Gruppe Alte Rose, Moosrose

Herkunft Diese Rose stammt aus Frankreich und wurde im Jahre 1845 von Laffay vorgestellt. Sie wird auch unter den Namen 'Hermann Kegel' und 'Old Black' gehandelt.

Blüte Die bemoosten Knospen dieser einmalblühenden Sorte öffnen sich zu kleinen rundlichen, dunkelpurpurfarbenen Blüten, die leicht schwarzblau überlaufen sind. In der Mitte der voll aufgeblühten, samtigen Blüten leuchten goldgelbe Staubgefäße. Die Blüten duften sehr angenehm.

Charakter Die Rose wächst dicht verzweigt und kompakt, dabei wird sie ca. 1,20 m hoch wie breit. Die Triebe tragen keine Stacheln und sind mit bräunlichem Samt überzogen. Das Laub ist satt dunkelgrün und gesund.

Standort Nur an einem sonnigen Standort kann diese Alte Rose gedeihen. Durch ihren kompakten Wuchs eignet sie sich vor allem für kleine Gärten und Pflanzgefäße. Gruppenweise kann man sie für Beete oder Hecken verwenden.

Pflege Diese Sorte ist sehr dankbar und treibt im Folgejahr üppig aus, wenn sie nach der Blüte sorgfältig in Form geschnitten wird.

Old Port

Gruppe Beetrose, Floribundarose

Herkunft Im Jahre 1990 wurde diese Rose in der Rosenschule McGredy in Neuseeland gezüchtet.

Blüte Die Knospen dieser öfter blühenden Sorte sind scharlachrot. Sie öffnen sich zu gefüllten, nostalgisch geviertelten Blüten. Der Farbton ist dunkel weinrot und wird später burgunderrot bis lavendelfarben. Bei starker Sonneneinstrahlung verblassen die Blüten zu einem gräulichen Ton. Sie stehen in Gruppen an den Trieben und duften sehr intensiv.

> **TIPP** *Für kühlere Lagen ist die Rose nicht zu empfehlen.*

Charakter Die buschige Rose wird mit einer Höhe von 80 cm etwa mittelhoch und wächst zu einem kompakten Strauch heran. Die Blätter glänzen matt in einem sanften Grün, das die Blütenfarbe sehr hübsch ergänzt. 'Old Port' ist eine ausgezeichnete Beetrose, die viele gute Eigenschaften auf sich vereinigt.

Standort Da die Blüten in praller Sonne stark verblassen, sollte ein halbschattiger Standort gewählt werden. Die Rose kann in Gruppen oder als Solitär gepflanzt werden und eignet sich auch als Kübelpflanze.

Pflege Leider ist die Rose anfällig für Sternrußtau, wodurch sie geschwächt in den Winter geht und es zu Frostschäden kommen kann. Daher sollten befallene Blätter immer aufgesammelt und vernichtet werden. Wichtig ist auch eine ausreichende Düngung.

TIPP

Frischkäse im Rosenbett
Zutaten: 2 EL süßer Honig, 1 Prise Chiliflocken oder Chilipulver, 2 duftende Rosenblüten, 100 g Ziegenfrischkäse

Zubereitung: Honig und Chiliflocken oder Chilipulver vermischen und etwas ziehen lassen. Die Rosenblüten gut waschen, trockentupfen und die Herz- und Staubblätter vorsichtig entfernen. In die Mitte der Blüten den Ziegenfrischkäse eintupfen und etwas von dem Chilihonig darüber träufeln. Schmeckt mit einem Stück Nussbrot als Vorspeise oder mit einem Glas Dessertwein als Abschluss eines Mahles.

Orange Meillandina

Gruppe Zwergrose

Herkunft Diese französische Rose wurde 1982 von der Rosenschule Meilland auf den Markt gebracht.

Blüte Nach einer üppigen Hauptblüte folgen mehrere Nachblüten. Tropfenförmige lachsrote Knospen öffnen sich schalenförmig zu gefüllten, etwa 4 cm großen Blüten in leuchtendem Orange, das mit Gelb gesprenkelt ist und zur Mitte hin heller wird. Die Blüten erscheinen einzeln oder in kleinen Büscheln zu drei bis fünf Einzelblüten und duften nicht.

Charakter Dicht verzweigt wächst der kleine Busch bis auf eine Höhe von ca. 40 cm, wird dabei aber breiter als hoch. Das Laub ist zierlich, matt hellgrün und eher spitz. Die kleine Miniaturrose setzt deutliche Farbakzente in jeden Garten.

Standort Die 'Orange Meillandina' benötigt einen humosen Boden und volle Sonne. Sie sollte in Gruppen gepflanzt werden und eignet sich als Einfassung von Beeten und Rabatten. Sie ist als Kübelpflanze oder Hochstämmchen erhältlich.

Pflege Die kleine Rose stellt große Ansprüche und gedeiht nur unter optimalen Bedingungen.

Othello

Gruppe Englische Rose, Strauchrose

Herkunft Die Rosenschule Austin stellte diese Rose 1986 in Großbritannien vor.

Blüte Die öfter blühende Sorte blüht während der gesamten Saison, macht allerdings längere Pausen. Die großen, stark gefüllten, etwa 10 cm großen Schalenblüten haben einen gedämpften dunklen Scharlachton, können aber auch violett, kirschrot oder mauvefarben überhaucht sein. Sie verströmen den intensiven Duft Alter Rosen.

Charakter Der Strauch dieser Englischen Rose wächst aufrecht, stark und breitbuschig. Er wird etwa 1, 60 m hoch und ca. 90 cm breit. Die Triebe sind steif, stark bestachelt und mit dicken, groß strukturierten, dunkelgrünen Blättern überzogen.

Standort Für diese Rose sollte ein sonniger Standort ausgesucht werden. Sie wirkt als Solitärpflanze sehr attraktiv, fühlt sich aber in einer Gruppenbepflanzung wohler. Dank ihres kompakten Wuchses ist sie vor allem für kleinere Gärten geeignet.

Pflege Die sehr robuste und winterharte Sorte stellt keine hohen Pflegeansprüche und kann auch von Rosenneulingen kultiviert werden. Allerdings ist etwas Vorsicht geboten, da sie anfällig für Mehltau sein kann.

Painted Moon

Gruppe Edelrose, Teehybride

Herkunft 'Painted Moon' stammt aus der britischen Rosenschule Dickson und wurde 1991 vorgestellt.

Blüte Die Blüte dieser Rose ist nicht nur außergewöhnlich, sondern auch recht üppig und reicht bis in den Herbst hinein. Die großen, locker gefüllten, becherförmigen Blüten erscheinen in großen Büscheln und zeigen hier ihr atemberaubendes Farbenspiel: Zunächst sind die Blüten gelb. Von den Blattspitzen her färben sie sich allmählich rosa, was sich bis hin zu einem dunklen Karminrot vertieft. Außerdem duften sie zart.

> **TIPP** *Am besten schneiden Sie die welken Blüten jeweils über einem fünfzähligen Blatt ab.*

Charakter Die kleinwüchsige Rose wird bis zu 75 cm hoch und fast ebenso breit. Dabei wächst sie sehr breitbuschig mit ausladenden Trieben. Diese tragen matt glänzende, dunkelgrüne Blätter, die den perfekten Hintergrund für die zweifarbigen Blüten bilden. Ihr außergewöhnliches Farbenspiel hat dieser Rose viele Liebhaber eingebracht, die sie auch – völlig zu Recht – als Schnittblume ehren.

Standort In sonniger Südlage gedeiht 'Painted Moon' am besten. Als Einfassung oder Hecke hat sie eine große Wirkung. Aber auch in Rosenbeeten macht sie etwas her.

Pflege Wenn Sie die verwelkten Blüten regelmäßig entfernen, können Sie die Nachblüten fördern.

TIPP

Lange Freude in der Vase
Stellen Sie Ihre Rosen nur in eine wirklich saubere Vase. Damit die Rosen länger halten, sollten Sie sie nicht nur beim ersten Mal, sondern täglich neu und schräg anschneiden. Verwenden Sie dazu nur ein scharfes Messer, damit sie eine glatte Schnittfläche erhalten. Wechseln Sie das Vasenwasser ebenfalls jeden Tag. Achten Sie darauf, dass die Rosenblüten selbst nicht nass werden. So halten sich die Blüten länger und bleiben schön.

Palmengarten Frankfurt

Gruppe Bodendeckerrose, Flächenrose

Herkunft Im Jahre 1988 wurde diese Rose in der deutschen Rosenschule Wilhelm Kordes gezüchtet.

Blüte Diese Sorte blüht extrem üppig und ausdauernd. In dichten Dolden erscheinen aus tropfenförmigen, roten Knospen dicht gefüllte, schalenförmige und etwa 10 cm große Blüten in einem kräftigen Rosa, das auch im Alter nicht verblasst. Die recht barocken Blüten sind empfindlich gegen starken Regen und duften leicht nach Äpfeln.

TIPP *Für eine flächendeckende Bepflanzung sollten Sie ein bis zwei Pflanzen pro Quadratmeter einplanen.*

Charakter Diese Flächenrose hat einen buschigen bis strauchförmigen Wuchs und leicht überhängende Triebe. Nach drei Jahren wird der Strauch etwa 80 cm hoch und bedeckt mit attraktiv glänzendem, hellgrünem Laub bereits den gesamten Boden auf einer Fläche von etwa 1 m². 'Palmengarten Frankfurt' ist eine hervorragende, sehr robuste und krankheitsresistente Beetrose, die 1992 das ADR-Prädikat erhielt.

Standort Nur in sonniger Lage kann die Rose ihre volle Pracht entfalten. Als Bodendecker eignet sie sich ideal auch für schwerer zu begrünende Flächen wie Wälle oder Böschungen. Sie ist auch als Hängerosen-Hochstamm erhältlich und kann dann im Kübel kultiviert werden.

Pflege Die ausgesprochen robuste Rose stellt keine hohen Ansprüche und ist ein rasch wachsender Bodendecker, der hin und wieder nur leicht gestutzt werden sollte. Sie ist salzverträglich und wird nur selten von Pilzkrankheiten befallen.

INFO

Der Palmengarten in Frankfurt
Der Frankfurter Palmengarten ist ein alter Stadtpark mit botanischem Garten. Er ist eine Attraktion in Frankfurt und beherbergt ebenfalls einen Rosengarten. Ende Juni/Anfang Juli findet hier das alljährliche Rosenfest statt.

Park Wilhelmshöhe

Gruppe Strauchrose

Herkunft Diese Rose stammt aus dem Jahre 1987 und ging aus der deutschen Rosenschule Kordes hervor.

Blüte 'Park Wilhelmshöhe' ist einmalblühend und blüht im Juni-Juli. Die dunkelrosafarbenen Blüten sind dicht gefüllt und öffnen sich schalenförmig. Die Blütenblätter neigen sich nach außen, was ihnen den Charme einer Alten Rose verleiht. Sie duften sehr intensiv und angenehm.

Charakter Mit weit überhängenden Zweigen wächst diese Pflanze kräftig zu einem breitbuschigen, etwa 1 m hohen Strauch heran. Die Blätter sind klein und dunkelgrün, was den Rosaton der Blüten noch schöner zur Geltung bringt. Die Rose ist robust und gesund und für Liebhaber romantischer Rosen genau das Richtige.

Standort Im Halbschatten fühlt sich die Pflanze nicht wohl, daher sollte sie an einem voll sonnigen Standort stehen. Da sie viel Platz benötigt, sollte sie als Solitärstrauch gewürdigt werden.

Pflege Als einmalblühende Strauchrose sollte 'Park Wilhelmshöhe' nicht zurückgeschnitten werden. Lange Triebe können jedoch gekürzt werden, allerdings erst nach der Blüte.

Pat Austin

Gruppe Englische Rose, Strauchrose

Herkunft Der Brite David Austin züchtete diese Rose im Jahre 1995 und benannte sie nach seiner Frau.

Blüte 'Pat Austin' blüht den ganzen Sommer und Herbst hindurch. Die großen Blüten dieser Sorte öffnen sich erst kugelrund, dann becherförmig. Die Blütenblätter sind etwas gewellt und kraus. Innen sind sie in einem kräftigen Orange bis Kupfer gefärbt, auf den Rückseiten sind sie gelb überzogen. Die sehr eleganten Blüten verströmen einen fruchtigen Duft nach Teerosen.

Charakter Die breitwüchsige Pflanze wächst kräftig und buschig etwa 1,50 m hoch und ebenso breit. Ihre Blätter sind groß, matt glänzend und dunkelgrün.

Standort Diese Sorte zieht einen sonnigen Standort vor. Sie kann als Solitär oder in Gruppen gepflanzt werden und setzt in Sträucherrabatten, denen ein wenig die Farbe fehlt, Akzente.

Pflege Achten Sie im Frühjahr auf einen sorgfältigen Auslichtungs- und Rückschnitt. Lassen Sie die Triebe in der Mitte dabei etwas höher stehen, damit der Strauch eine rundliche Form erhält.

Paul Cézanne

Gruppe Edelrose, Teehybride

Herkunft Diese Rose entstand 1992 und wurde von den beiden US-amerikanischen Züchtern Jackson und Perkins vorgestellt.

Blüte Wiederholt blüht diese Sorte den Sommer und Herbst hindurch. Die gelbe Knospe ist zunächst gelb und öffnet sich zu einer mittelgroßen, gefüllten, zartgelben Blüte mit dunkel korallroten Punkten oder Streifen, wobei jedes Blütenblatt ein anderes Muster aufweist. Die Blüten erscheinen einzeln oder in Büscheln und duften angenehm fruchtig.

> **INFO** Wie viele andere außergewöhnlich gefärbte Rosen trägt auch diese Rose den Namen eines Malers.

Charakter Diese Rose wächst aufrecht zu einem dichten Busch heran, der jedoch nur 60 cm hoch wird. Das Laub ist matt glänzend, mittelgrün und leicht spitz.

Standort Nur an einem sonnigen Standort kann diese Rose ihre volle Pracht entfalten. Dank ihres kompakten Wuchses ist sie auch für kleinere Gärten geeignet und kann als Solitär oder in Gruppen in Beete und Rabatten gepflanzt werden. In einem Kübel malt sie auch Farbtupfer auf Balkon und Terrasse.

Pflege Durch regelmäßiges Ausschneiden der verwelkten Blüten können Sie die Nachblüten fördern. Für eine flächendeckende Gruppenbepflanzung sollten Sie vier Pflanzen pro Quadratmeter einsetzen.

TIPP

Dekorieren mit Rosen

Eine Gartenparty können Sie ohne viel Aufwand mit Rosen dekorieren. Streuen Sie einzelne Blütenblätter – am besten in verschiedenen, aber harmonierenden Farben – einfach auf den Tisch oder über das Büffet. Allerdings sollten Sie dies erst kurz vor Ankunft der Gäste tun. Sehr effektvoll ist es auch, wenn Sie den Sektkühler aus Glas nicht nur mit Eis, sondern auch mit Rosenblüten füllen. Oder lassen Sie ganze Rosenblüten in kleinen Windlichtern schwimmen.

Paul Noël

Gruppe Großblumige Kletterrose

Herkunft Die Rosenschule Tanne züchtete diese Rose 1913 in Frankreich.

Blüte Nach ersten reichen Blütenschüben im Frühsommer können einige Nachblüten folgen. Die 5 cm großen Blüten sind dicht gefüllt und kugelrund. Wie kleine Bälle erscheinen sie in großen Dolden zu mehreren Einzelblüten. Sie sind hell purpurrosa bis fleischfarben und duften frisch und fruchtig.

> **INFO**
>
> **Vorsicht!**
> Diese Rose ist etwas anfällig für Mehltau.
> Daher sollten Sie unbedingt einen luftigen
> Standort für sie wählen.

Charakter Die sehr kräftige, aufrechte Rose wächst dicht verzweigt und strauchförmig. Problemlos erklimmt sie Höhen von bis zu 3 m. Die langen, dünnen Triebe lassen sich leicht aufbinden, sind aber mit zahlreichen Stacheln bewehrt. Das dichte Laub ist glänzend und mittelgrün. Es bildet den perfekten Hintergrund für die zarte Farbe der Blüten.

Standort An einem voll sonnigen Standort fühlt die Rose sich ebenso wohl wie im Halbschatten. Wichtiger ist jedoch, dass ihr Standort luftig ist. Sie ist perfekt geeignet zum Beranken von Zäunen, Bögen und Pergolen. Lässt man sie auf dem Boden wachsen, begrünt sie schnell freie Flächen. Besonders attraktiv ist sie auch als Kaskaden-Hochstamm.

Pflege Die langen Jahrestriebe können sich stark ausbreiten, lassen sich aber leicht in die gewünschte Richtung ziehen, da sie sehr biegsam sind.

| TIPP | **Der Rückschnitt von Kaskaden-Hochstämmen**
Hochstammrosen werden in der Regel sehr kurz zurückgeschnitten. Dies gilt jedoch nicht für Kaskadenrosen. Sie werden die ersten drei Jahre gar nicht geschnitten und dann nur ausgelichtet. Nach der Blüte können die langen Triebe jedoch etwas gekürzt werden. |
|---|---|

Paul's Himalayan Musk Rambler

Gruppe Kletterrose, Ramblerrose, Moschushybride

Herkunft Diese Rose wurde nach 1800 von dem britischen Züchter Paul vorgestellt.

> **TIPP** *Ein vollständig umrankter Baum sollte sich erheitshalber selbst abgestützt werden.*

Blüte Die wuchtige Kletterrose blüht vor allem im Hochsommer. Die lila-rosa bis weißlichen Blüten werden etwa 3 cm groß und sind halbgefüllt. Sie erscheinen in so großer Zahl, dass sie kaskadenartig den gesamten Busch bedecken. Sie verströmen einen schwachen Duft.

Charakter Diese Rose wächst so schnell, dass man sich allzu leicht vorstellen kann, wie sie den Himalaya erklimmt. Eine Höhe von 6–10 m ist für sie keine Seltenheit. Das kleine Laub ist dicht und üppig und wird im Herbst von zahlreichen Hagebutten verziert.

Standort In der Sonne wie im Halbschatten umrankt diese Klettermaxe rasch Bäume und Zäune. Wichtig ist, dass sie ausreichend Platz hat, damit sie nicht alles überwuchert.

Pflege Aufgrund ihres enormen Wachstums ist die Rose kaum zu pflegen, benötigt dies aber auch nicht. Ganz von selbst wird sie zu einer blühenden, nostalgischen Landschaft. Sehr lange Triebe sollten nach der Blüte gekürzt werden.

INFO

Ode an die Rose
Rose, Wunder aller Blumen, die blühen,
jedes Blatt ein Zeuge der Liebe im Frühling.
Selbst die himmlischen Mächte erfreuen sich ihrer.
Sie ist die junge Leidenschaft der Aphrodite,
sie ist der Liebling der Cythere, die Schläfe
mit Blumenblättern umkränzt und mit ihrem
süßen Parfüm macht sie ihre Herren trunken

Anakreon (580–495 v. Chr.)

Peace

Gruppe Edelrose, Moderne Rose, Teehybride

Herkunft Diese Rose wurde im Jahre 1942 von Francis Meilland in Frankreich gezüchtet. Sie ist unter vielen anderen Namen bekannt geworden, zum Beispiel 'Gloria Dei', 'Béke', 'Fredsrosen', 'Gioia', 'Mme A. Meilland', 'Mme Antoine Meilland'. Ihren Namen 'Peace' erhielt sie erst nach Ende des Zweiten Weltkrieges.

> **TIPP** *Schneiden Sie Schnittblumen am frühen Morgen.*

Blüte Die blühfreudige Rose blüht üppig die ganze Saison hindurch bis zum ersten Frost. Aus dicken, breiten und kegelförmigen Knospen entwickeln sich etwa 12–14 cm große, stark gefüllte und perfekt geformte zartgelbe Blüten, die am Rand rosafarben bis rötlich überhaucht sind. Die Blüten erscheinen meist einzeln und verblassen im Alter. Sie verströmen einen zarten Duft.

Charakter Die Pflanze wird bis zu 1 m hoch und etwa halb so breit. Dabei wächst sie schnell, sehr dicht, breitbuschig und verzweigt. Das Laub ist grün, glänzend und ledrig, der Strauch insgesamt gesund und robust.

Standort In der Sonne wie im Halbschatten kann diese winterharte Rose ihre ganze Pracht entfalten. Sie kann in Gruppen oder einzeln in Beete oder Rabatten gepflanzt werden. Sie eignet sich ebenfalls als Schnittblume. Als Hochstamm gedeiht sie auch in einem Kübel.

Pflege Für eine flächendeckende Bepflanzung sollten sechs bis sieben Exemplare pro Quadratmeter eingeplant werden. Die Pflanze ist zwar gesund, jedoch nicht resistent gegen Sternrußtau.

INFO

Die berühmteste Rose der Welt

Die legendäre Rose 'Peace' ist eine Weltrose. Mit 100 Millionen Exemplaren ist sie die meist gepflanzte Rose aller Zeiten. Auch hat sie alle wichtigen Rosenpreise gewonnen. Sie ist die wichtigste Zuchtrose des 20. Jahrhunderts und dürfte unter den Vorfahren der meisten guten, modernen Strauchrosen zu finden sein.

Pearl Drift

Gruppe Strauchrose

Herkunft Die Rosenzüchterfamilie LeGrice stellte diese Rose im Jahre 1981 in Großbritannien vor.

Blüte 'Pearl Drift' blüht den ganzen Sommer über. Lange, spitze, rosafarbene Knospen erscheinen in Büscheln und öffnen sich becherförmig zu halbgefüllten perlmuttfarbenen Blüten, die in ihrer Mitte die goldgelben Staubgefäße zeigen. Sie verströmen einen angenehmen Duft.

Charakter Die Rose wächst kräftig und dicht mit leicht ausladenden Trieben zu einem mit etwa 1,50 m durchschnittlich großen Strauch heran. Die Zweige werden von kräftigem Laub bedeckt, das zunächst rötlich austreibt und erst später grünlich nachdunkelt.

Standort Hat die Rose einen sonnigen Standort, ist sie genügsam und wächst fleißig. Sie ist sehr vielseitig und macht als Solitär oder auch als Gruppenpflanze eine gute Figur. Außerdem kann sie auch für niedrige Hecken verwendet werden.

Pflege Die sehr robuste Rose stellt keine hohen Anforderungen und erfreut auch Rosenneulinge mit ihrer Blühfreude.

Peer Gynt

Gruppe Edelrose, Teehybride

Herkunft 1968 wurde diese Rose von der Rosenschule Kordes in Deutschland vorgestellt.

Blüte Nach einer üppigen Hauptblüte im Sommer blüht 'Peer Gynt' den ganzen Herbst über nach. Die Grundfarbe der großen, dicht gefüllten und kugelförmigen Blüten ist ein warmes Goldgelb, das in der Sonne nicht verblasst, sondern eher noch kräftiger wird. An ihren Rändern sind die Blütenblätter rosenrot überhaucht. Die wetterfesten Blüten duften sehr intensiv.

Charakter Die Rose wächst sehr kompakt und bildet einen kräftig aufrecht wachsenden, buschigen Strauch mit glänzend olivgrünen Blättern. Er wird etwa 80 cm hoch wie breit.

Standort Der kleine Rosenstrauch erblüht auch in halbschattigen Lagen und bevorzugt eindeutig etwas kühlere Klimazonen. In Gruppen zu mehreren Einzelpflanzen sieht er in Beeten und Rabatten sehr dekorativ aus. Die Rose lässt sich auch problemlos als Hecke ziehen. 'Peer Gynt' ist auch als Hochstamm erhältlich. Die Blüten eignen sich ebenfalls zum Schnitt.

Pflege Die robuste Pflanze ist kaum krankheitsanfällig und verzeiht auch gröbere Pflegefehler. Als Hochstamm sollte sie sehr kurz auf ein bis zwei Augen zurückgeschnitten werden.

Pierre de Ronsard

Gruppe Großblumige Kletterrose

Herkunft Diese Rose ging im Jahre 1987 aus der französischen Rosenschule Meilland hervor. Ihren Namen verdankt sie einem Hofdichter aus dem 16. Jahrhundert, der sowohl in Schottland als auch in Frankreich lebte. Er war ein begeisterter Gärtner. In Deutschland ist die Rose eher unter dem Namen 'Eden Rose 85' bekannt.

Blüte 'Pierre de Ronsard' blüht den ganzen Sommer über bis tief in den Herbst hinein. Die cremeweißen lavendelrosa und karminrot überhauchten Blüten sind groß, dicht gefüllt und erinnern an kugelförmige Zentifolien. Beim Aufblühen sind die Blütenblätter in einem bezaubernden Wirrwarr eingerollt. Später wird die Mitte in einem zarten Lachsrosa sichtbar. Leider duften die in großer Zahl erscheinenden Blüten nur wenig.

> **INFO** Beim Kauf dieser Sorte sollten Sie genau auf den Namen achten. Es gibt eine weitere Rose mit dem Namen 'Eden Rose' (ohne 85), die aber rosenrot blüht.

Charakter Der Rosenstrauch wächst mäßig und erreicht eine Höhe von 1–1,50 m. An den sich kräftig verzweigenden Trieben sitzen große, gesunde Blätter in einem glänzenden Hellgrün. Sie bilden einen hübschen Hintergrund für die cremeweißen Blüten.

Standort Am besten gedeiht diese Kletterrose an einem sonnigen Standort. Sie berankt nicht nur Säulen, Pergolen, Zäune oder Wände, sondern ist auch als Einzelstrauch ein wunderbarer Anblick.

Pflege 'Pierre de Ronsard' stellt keine besonders hohen Ansprüche, sollte aber wegen des natürlichen Breitenwachstums aufgebunden werden.

TIPP

Das Anbinden
Zum Anbinden der Langtriebe eignen sich verstellbare Kunststoffschlaufen, Sisalband oder mit Kunststoff ummantelter Draht. Befestigen Sie die Triebe bogenförmig, die Zweige sollten sich jedoch nicht überkreuzen.

Pink Grootendorst

Gruppe Strauchrose, Rugosahybride

Herkunft Diese Rose stammt aus den Niederlanden und wurde 1923 von dem Züchter Grootendorst vorgestellt.

Blüte Die Hauptblüte erstreckt sich fast über den gesamten Sommer, im Herbst kommt es zu einer schwächeren Nachblüte. In dichten Dolden erscheinen stark gefüllte Blüten in einem erfrischenden Rosa. Die etwa 4 cm großen Blüten sind stark gefranst und erinnern an Nelken. Allerdings duften sie nur schwach.

Charakter Der Strauch wächst aufrecht und bildet im oberen Teil zahlreiche Zweige. Er wird ca. 1,50 m hoch und etwa 1 m breit. Die Blätter sind rau und etwas blässlich. Grundsätzlich handelt es sich um eine gute und nach wie vor beliebte Strauchrose.

TIPP *In einer Hecke sollten die Einzelpflanzen etwa 80 cm weit auseinanderstehen.*

Standort 'Pink Grootendorst' kommt auch im Halbschatten zurecht. Sie eignet sich für eine Hecke oder eine Bepflanzung in kleinen Gruppen. Auch als Schnittblume ist sie sehr beliebt.

Pflege Die kompakte Nelkenrose gehört zu den pflegeleichten und gesunden Sorten. Bei einem Pflanzabstand von 1–2 m kann der Strauch seine volle Größe erreichen.

Pink Meidiland

Gruppe Strauchrose, Flächenrose

Herkunft Im Jahre 1982 stellte die Rosenschule Meilland in Frankreich diese Rose vor. In Deutschland ist sie auch unter dem Namen 'Schloss Heidegg' bekannt.

Blüte Die kleine Strauchrose blüht unermüdlich die Saison hindurch. Aus spitzen, roten Knospen in großen Dolden entwickeln sich einfache, mittelgroße und becherförmige Blüten. Sie leuchten in einem warmen Altrosa, in der Mitte zeigt sich ein weißes Auge mit goldgelben Staubgefäßen. Die Blüten verblassen stark. Sie duften angenehm.

Charakter Der stark in die Breite wachsende, kräftige und buschige Strauch wird kaum 60 cm hoch. Er ist dicht belaubt und sehr robust. Die gesunden und ledrigen Blätter glänzen zunächst rötlich, werden dann aber dunkelgrün. Als eine der kräftigsten Strauchrosen ist sie Trägerin des ADR-Prädikats.

Standort 'Pink Meidiland' stellt kaum Anforderungen an ihren Standort und fühlt sich überall wohl. Sie ist nicht nur zur Begrünung von Parks, Naturgärten und Straßenrändern geeignet, sondern kann auch als Hecke gezogen werden.

Pflege Die ausgesprochen pflegeleichte Pflanze blüht immer und fast überall. Außerdem ist sie resistent gegen Mehltau.

Pink Panther

Gruppe Edelrose, Moderne Rose, Teehybride

Herkunft 'Pink Panther' stammt aus Frankreich, wo sie im Jahre 1982 von Meilland gezüchtet wurde. In Deutschland wird sie meist als 'Aachener Dom' gehandelt.

Blüte Von Juni bis in den Herbst blüht die Sorte kontinuierlich. Bei warmer Witterung zeigen die rosafarbenen, silbrig schimmernden Blüten einen dunkleren rosenroten Saum. Die 10–12 cm großen Blüten stehen einzeln oder in kleinen Büscheln an langen Stielen.

Charakter Die 'Pink Panther' ist eine kräftige, buschige, aufrechte Pflanze, die bis zu 80 cm hoch und bis zu 40 cm breit werden kann. Die Blätter sind groß, dicht, dunkelgrün und glänzend. Die Sorte ist sehr widerstandsfähig gegen Krankheiten wie Mehl- und Sternrußtau, außerdem regenfest, robust und ausgesprochen frosthart.

Standort Die Rose ist auch für Halbschatten und raue Lagen geeignet. Sie gedeiht in Beeten, kann in Hecken gepflanzt werden.

Pflege Als resistente Sorte ist die 'Pink Panther' auch für Rosenneulinge geeignet.

Polareis

Gruppe Strauchrose

Herkunft 'Polareis' stammt aus den Vereinigten Staaten und wurde im Jahre 1939 von der Rosenzüchterei Horvarth vorgestellt. Der Name 'Polaris' steht für dieselbe Rose.

Blüte 'Polareis' ist einmalblühend, die Blüten erscheinen vor allem im Frühsommer. Die hellrosafarbenen, manchmal fast weißen Blüten öffnen sich schalenförmig, sind locker gefüllt und etwa 5 cm groß. Sie erscheinen in Gruppen zu drei bis fünf Einzelblüten. Der Duft entströmt den Blättern und ist angenehm würzig.

Charakter Die Pflanze entwickelt sich zu einem dicht verzweigten und buschigen Kleinstrauch bis 60–80 cm Höhe. Das Laub der kräftigen Pflanze glänzt blassgrün. Sie ist sehr robust und winterhart.

Standort 'Polareis' gedeiht in den unterschiedlichsten Lagen und stellt keine allzu hohen Anforderungen. Sie kann sowohl als Solitär wie auch in Gruppen gepflanzt werden, ist aber auch als Kübelpflanze erhältlich.

Pflege Die Pflege dieser Rose ist einfach. Der kleine Strauch ist fast krankheitsresistent.

Polka

Gruppe Großblumige Kletterrose

Herkunft Auch diese Rose stammt aus der französischen Rosenschule Meilland und wurde 1992 gezüchtet. Sie ist unter vielen anderen Namen bekannt: 'Lord Byron', 'Polka 91', 'Scented Dawn' und 'Twilight Glow'.

Blüte 'Polka' zählt zu den öfter blühenden Sorten und blüht den ganzen Sommer und Herbst über. Die etwa 7 cm großen, dicht gefüllten Blüten schimmern in einer Farbe zwischen Bernsteingelb und Aprikot, wobei

sie an den Rändern etwas heller sind als in der Blütenmitte. Sie erinnern an die Alten Rosen, da ihre weit und flach geöffneten Blütenblätter sich etwas zurückbiegen. Die Blüten erscheinen in kleinen Gruppen zu zwei bis drei Blüten und duften nur schwach.

Charakter Die nicht sehr ausladende Pflanze hat eine gleichmäßige Wuchsform, ist gut verzweigt und buschig. Sie kann bis zu 1,50 m hoch werden. Sie trägt dichtes, glänzendes, mittelgrünes und gesundes Laub. Mit ihren charmanten Blüten zählt sie zu den Romantica-Rosen des Züchters Meilland.

Standort Sowohl an einem sonnigen als auch an einem halbschattigen Standort kann diese Rose gedeihen. Sie eignet sich ideal zum Beranken von Mauern, Säulen und Zäunen, bei denen es nicht so sehr auf die Höhe ankommt. Sie kann sehr gut in Gruppen gepflanzt werden. Aber auch als Solitärpflanze ist sie immer ein Blickfang.

TIPP *'Polka' kann auch als Strauchrose vor einen Pfeiler gepflanzt werden, wird dann aber nur so hoch wie der Pfeiler.*

Pflege Die Rose ist sehr pflegeleicht und genügsam. Da sie immer gleichmäßig wächst, ist sie auch leicht in Form zu halten. Für eine Gruppenbepflanzung sollten nicht mehr als zwei Pflanzen pro Quadratmeter eingeplant werden, da sie Platz für ihre Entwicklung benötigen.

Pompon de Bourgogne

Gruppe Alte Rose, Burgunderrose, Zentifolie

Herkunft Die Abstammung ist unbekannt. Wahrscheinlich wurde sie vor 1836 in Dijon entdeckt. Andere Quellen geben als Zeitpunkt ihrer ersten Erwähnung das Jahr 1664 an. Bekannt ist sie auch unter den Namen 'Burgundian Rose' oder 'Parvifolia'.

INFO *Für Rosenliebhaber auf der Suche nach außergewöhnlichen Farben und Blütenformen ist diese Rose genau das Richtige.*

Blüte Die Sorte blüht nur einmal im Frühsommer. Die pomponförmigen Blüten erscheinen wie Bällchen in Dunkelrosa bis Weinrot. Manchmal sind sie mit Sprenkeln in etwas hellerem Rosa verziert, oder sie werden zur Mitte hin etwas heller. Die Blüten sind regenfest und duften sehr angenehm.

Charakter 'Pompon de Bourgogne' bildet einen niedrigen Busch von 60 cm Höhe, der sehr kompakt und ebenso hoch wie breit wird. Die Triebe bleiben dünn und fein, sind kaum bestachelt und mit dunkelgraugrünen Blättern bedeckt, die perfekt mit der Blütenfarbe harmonieren.

Standort An einem voll sonnigen Standort gedeiht die Rose am besten. Da sie klein und kompakt bleibt, eignet sie sich ideal als Kübelpflanze für Balkon oder Terrasse. Sie kann aber auch als niedrige Beeteinfassung verwendet werden.

Pflege Die Rose ist sehr pflegeleicht und wenig anspruchsvoll. Da die Blüten an den im Vorjahr gebildeten Trieben erscheinen, wird die Rose nicht zurückgeschnitten. Bei Bedarf genügt ein einfaches Auslichten.

INFO

Rosen in der Küche
Viel Freude bereitet das Kochen mit den duftenden Rosenblüten. Konservieren lassen sich die Blüten in Zucker, Öl oder Butter oder indem man sie kandiert. Wichtiger Hinweis: Die Pflanzen, die Sie für die Küche verwenden, dürfen natürlich nicht mit Pflanzenschutzmitteln (Pestiziden) belastet sein!

Prince Charles

Gruppe Alte Rose, Bourbonrose

Herkunft Aus der Zucht des Rosengärtners Alexandre Hardy stammt diese im Jahre 1842 in Frankreich vorgestellte Rose.

Blüte Die Blüten der einmal blühenden Rose sind halbgefüllt, scharlachrot mit weißer Basis, locker aufgebaut und gekräuselt. Manche Blütenblätter sind mit einem Hauch von Purpur überzogen, und ihre Blattadern können etwas erhaben sein. Sie verströmen einen leichten Duft nach Alten Rosen.

Charakter Es handelt sich um einen wüchsigen, bis zu 2 m hohen Strauch mit dunkelgrünen, großen Blättern. Die Triebe haben, wie bei den meisten Bourbonrosen, nur wenige Stacheln. Für Liebhaber ungewöhnlicher Sorten ist sie ein gutes Objekt.

Standort Die Rose gedeiht am besten an einem voll sonnigen Standort in Südlage. Sie kann als imposanter Solitärstrauch oder auch in Gruppen gepflanzt werden. Aufgrund ihres kräftigen Wuchses ist sie eher eine Pflanze für große Gärten.

Pflege 'Prince Charles' gehört nicht zu den robustesten Sorten und bedarf daher einer sorgfältigen Pflege mit gezielten Düngungen.

Prospero

Gruppe Englische Rose, Strauchrose

Herkunft Der Brite David Austin züchtete diese Rose im Jahre 1982.

Blüte Die Blüten dieser im Frühsommer blühenden Rose sind relativ groß, karminrot und mit etwa 40 leicht gekräuselten Blütenblättern dicht gefüllt. Sie erscheinen zunächst karminrot, verfärben sich aber im Verlauf der Blühzeit in ein dunkles Purpurrot. Bis zum Herbst kommt es zu wenigen und schwächeren Nachblüten. Ihr Duft ist angenehm, aber nicht sehr intensiv.

Charakter Die Rose bleibt als Strauchrose eher klein, kompakt und dicht verzweigt. Die Blätter sind matt glänzend und hellgrün. Die Rose ist nicht sehr robust, ihre Blüten dafür aber umso reizvoller.

Standort An einem sonnigen Standort kann die Rose sehr gut gedeihen. Nährstoffärmere Böden oder wenig luftige Standorte toleriert sie aber nicht. Sie ist in Gruppen als niedrige Beeteinfassung, für kleinere Gärten oder eine Haltung in Kübeln geeignet.

Pflege Die Rose ist etwas schwierig in der Haltung, lohnt aber gute Pflege und Aufmerksamkeit allemal.

Pur Caprice

Gruppe Strauchrose

Herkunft Die Sorte stammt aus Frankreich und ging im Jahre 1992 aus der Rosenschule Delbard hervor.

Blüte Diese Rose blüht immer reichlich und üppig. Die halbgefüllten, kleinen Blüten wechseln ihre Blütenfarbe je nach Reifegrad. Anfangs sind sie strohgelb, dann altrosa, und im Abblühen werden sie apfelgrün. In ihrer Mitte zeigen die Blüten ihre bräunlichen Staubgefäße. Die Blütenblätter sind zum Rand hin gefranst, was der Blüte ein sehr natürliches Aussehen verleiht. Sie verströmen einen sehr intensiven und angenehmen Duft.

> **INFO** *In kühleren Lagen fällt das Farbenspiel der Blüten leider etwas blasser aus.*

Charakter Die Pflanze ist gut wüchsig, wächst buschig und kann eine Höhe von ca. 60–80 cm erreichen. Das Laub ist sehr dicht und dunkelgrün. Vor diesem Hintergrund kommt das Farbenspiel der Blüten besonders zur Geltung. Die Rose stammt von den Wildrosen ab und gilt als sehr winterhart.

Standort Am besten gedeiht sie an einem sonnigen Standort, ist jedoch in halbschattigen Lagen noch immer gut wüchsig. Sie kann einzeln oder in Gruppen gepflanzt werden und ist für kleine Gärten oder Kübel geradezu ideal.

Pflege Die Rose ist leicht zu kultivieren und kann auch Anfängern große Freude bereiten.

INFO

Die wilde Rose
Da droben auf einsamer Höhe
die wilde Rose blüht.
Und wer sie von Ferne gesehen,
in heißer Sehnsucht erglüht.

Zu ihr über Felsen und Klüfte
ein kühner Jäger klimmt.
Schon ist er in nächster Nähe –
das Auge in Thränen ihm schwimmt.

Er will sie erfassen und pflücken
da strauchelt jäh sein Fuß,
des Abgrunds finstere Tiefe
empfängt ihn mit kaltem Kuß.

Luise Aston (1814–1871)

Queen Mother

Gruppe Beetrose, Flächenrose, Zwergrose

Herkunft Die Sorte entstand 1991 in der deutschen Zucht von Wilhelm Kordes, die Abstammung wurde jedoch nicht veröffentlicht. Sie ist auch unter dem Namen 'Queen Mum' bekannt.

Blüte Es ist eine ungewöhnlich reich blühende Sorte, die fortwährend vom Sommer bis in den Herbst kleine Gruppen locker aufgebauter, hellrosafarbener Blüten trägt. Die Blüten öffnen sich schalenförmig und werden etwa 8 cm groß. In ihrer Mitte werden die goldgelben Staubgefäße sichtbar. Ihr Duft ist schwach und etwas süßlich.

Charakter Es handelt sich um eine gesunde Pflanze mit relativ offenem Wuchs, die sich später strauchig entwickelt. Die kompakte Rose kann bis zu 40 cm hoch werden. Das gegen die typischen Krankheiten resistente Laub ist dunkelgrün und glänzend. 1996 erhielt die mehrfach preisgekrönte Rose das ADR-Prädikat.

Standort Die Rose gedeiht an sonnigen Standorten am besten. Sie eignet sich gut für kleinere Beete und Rabatten. Auch auf Balkonen und Terrassen kann sie im Kübel kultiviert werden.

Pflege Die krankheitsresistente Rose ist sehr pflegeleicht und auch für Anfänger zu empfehlen.

Queen of Denmark

Gruppe Alte Rose, Albarose

Herkunft Die 'Queen of Denmark' wurde 1816 von James Booth gezüchtet. Bei uns wird sie meist unter dem Namen 'Königin von Dänemark' gehandelt.

Blüte Sie ist blüht einmal im Juni-Juli am vorjährigen Holz. Dicke karminrote Knospen öffnen sich zu karminrosa, am Rand etwas aufgehellten, geviertelten, flachen Blüten. Die Blütenblätter wirbeln durcheinander und sind am Rand etwas zurück gebogen. Sie blühen auch bei Regenwetter sicher auf und duften leicht.

Charakter Der Wuchs ist strauchförmig, 1,50 m hoch und 1,20 m breit. Wie bei vielen Albarosen typisch ist das Laub grüngrau. Hier setzen die Blüten majestätische Lichter. Die überhängenden, stark bestachelten Zweige neigen sich unter dem Gewicht der zahlreichen Blüten oft zu Boden.

Standort Der Strauch toleriert Sonne wie Halbschatten und wirkt in Hecken und Gruppen sowie als Solitär ausgesprochen dekorativ. Auch auf weniger fruchtbaren Böden gedeiht er, allerdings fällt die Blüte dann schwächer aus. Die Rose gedeiht ebenfalls in einem Kübel.

Pflege Da sie leicht zu kultivieren und regenfest ist, eignet sich die 'Queen of Denmark' für pflegeleichte Gärten.

Raubritter

Gruppe Strauchrose, Kletterrose

Herkunft 'Raubritter' ist eine deutsche Kordes-Rose aus dem Jahre 1936.

Blüte Wie ein Berg von Purpurrosa wirkt diese einmal, aber überreich blühende Rose, wenn sie voll erblüht ist. Die beinahe glockenförmig gefüllten Blüten werden bis zu 5 cm groß, öffnen sich ballförmig und erscheinen meist zu fünf bis sechs kugelrunden Einzelblüten in großen Dolden. Leider duften die Blüten kaum.

> **TIPP** *Heiße Südlagen mit Stauwärme sind als Standort ungeeignet.*

Charakter Dicht verzweigt und strauchförmig kann die Pflanze als Kletterrose eine Höhe von 3 m erklimmen und dabei bis zu 1 m breit werden. Auf dem Boden hat sie schnell freie Flächen begrünt. Das dichte Laub ist ledrig und mittelgrün. Die Rose gehört zu den Nostalgischen Rosen und erinnert an längst vergangene Zeiten.

Standort Die Pflanze gedeiht in der Sonne wie im Halbschatten, sollte aber unbedingt einen luftigen Standort genießen dürfen. Auch in Höhenlagen gedeiht sie gut. Sie ist sehr vielseitig und kann als Kletter- oder Strauchrose eingesetzt werden. Einzeln oder in Gruppen kann sie Böschungen befestigen, Beete und Rabatten begrünen und Mauern beranken. Sie kann auch im Kübel kultiviert werden und ist als Hochstamm erhältlich.

Pflege Die Sorte ist winterhart und allgemein gesund, jedoch etwas empfindlich gegen Mehltau. Daher ist hier Aufmerksamkeit geboten. Pro Quadratmeter sollten nur ein bis zwei Exemplare eingepflanzt werden.

INFO

Dein Lied erklang

Dein Lied erklang, ich habe es gehöret
wie durch die Rosen es zum Monde zog.
Den Schmetterling, der bunt im Frühling flog
hast du zur frommen Biene bekehret.
Zur Rose ist mein Drang, seit nur dein Lied erklang.

Clemens Brentano (1778–1842)

Robert le Diable

Gruppe Alte Rose, Gallicarose, Zentifolie

Herkunft Die Herkunft dieser Rose ist unbekannt, sicher ist nur, dass sie schon vor 1837 in Frankreich kultiviert wurde.

TIPP *Ein Rückschnitt darf nur direkt nach der Blüte, nicht aber im Frühjahr vorgenommen werden.*

Blüte Diese Sorte ist ein Spätblüher, der auch keine Nachblüten hervorbringt. Die Blüten sind dicht gefüllt und geviertelt, sie changieren in einem sehr schönen Farbenspiel zwischen Purpur, Violett und Karminrot. Dabei sind sie silbrig angehaucht und leicht getupft. In trockenen Sommern tritt die Färbung noch intensiver hervor. Bei den geöffneten Blüten biegen sich die äußeren Blütenblätter wie zu einem Kissen zurück. Sie verströmen einen süßlichen Duft.

Charakter Der große Strauch hat weiche, stark überhängende bis niederliegende Triebe, die mit zahlreichen Stacheln bewehrt sind. Die Pflanze wird ca. 1 m hoch und ebenso breit. Das Laub ist schmal und dunkelgrün. Diese Sorte ist in Form und Farbe außergewöhnlich.

Standort An einem voll sonnigen und luftigen Standort werden die Blüten ihre volle Pracht entwickeln. Die Pflanze toleriert auch nährstoffärmere Böden, wächst aber auf gutem Boden kräftiger. Sie kann hervorragend als Solitärpflanze eingesetzt werden und gedeiht auch im Kübel.

Pflege Ein Rückschnitt sollte möglichst sparsam erfolgen, denn die Rose blüht an den Trieben des Vorjahres. Eine regelmäßige und gezielte Düngung ist wichtig, da das Laub etwas anfällig für Mehltau ist.

INFO

Einsatz von Fungiziden
Eine mit Mehltau befallene Pflanze mit einem chemischen Fungizid zu behandeln ist nicht wirklich empfehlenswert, denn meist sehen die Pflanzen nach einer Behandlung auch nicht besser aus. Es steht zu vermuten, dass die Pilze recht schnell eine Resistenz entwickeln.

Robusta

Gruppe Strauchrose, Moderne Rose

Herkunft Diese Rose wurde 1979 von der Rosenschule Wilhelm Kordes in Deutschland gezüchtet. Die Bezeichnungen 'Kordes' und 'Rose Robusta' stehen für dieselbe Rose.

Blüte Während der ganzen Saison erscheinen zahlreiche Dolden von leuchtend blut- bis karminroten, einfachen Blüten, die sich aus langen, spitzen Knospen entwickeln und in ihrer Mitte goldgelbe Staubgefäße zeigen. Sie erscheinen in Büscheln von fünf bis fünfzehn Einzelblüten, öffnen sich schalenförmig und werden 7–8 cm groß. Leider sind die regenfesten Blüten fast geruchlos.

> **INFO** *Es gibt zwei weitere Rosen mit dem Namen 'Robusta': eine dicht gefüllte alte Bourbonrose und eine großblumige Kletterrose, die allerdings rosafarben blüht.*

Charakter 'Robusta' ist eine mannshohe, aufrechte Pflanze, die biologisch betrachtet auch den Rugosahybriden zugeordnet werden könnte, aber nicht unbedingt charakteristisch für diese Gruppe ist. Zwar hat sie die starken Stacheln und das grobe, ledrige und glänzend dunkelgrüne Laub geerbt, doch nicht in dem Maße einer typischen Rugosa. Die Sorte ist normal gesund und – wie ihr Name verspricht – robust. Auch dafür erhielt sie 1980 das ADR-Prädikat.

Standort Die winterharte Rose gedeiht in der vollen Sonne wie im Halbschatten und toleriert auch ärmere Böden. Sie sollte als Solitär oder in kleinen Gruppen in Beete, Rabatten oder Böschungen bzw. Hänge gepflanzt werden, kann aber in einer Gruppenbepflanzung auch eine Hecke bilden. Sie gedeiht auch in einem Kübel.

Pflege Die robuste Rose ist an sich pflegeleicht. Es sollte jedoch beachtet werden, dass sie etwas anfällig für Sternrußtau ist. Bei einer Gruppenpflanzung sollten nicht mehr als ein bis zwei Exemplare auf einen Quadratmeter gepflanzt werden. Im Frühjahr sollte der Strauch um ein Drittel eingekürzt werden.

Romanze

Gruppe Moderne Strauchrose

Herkunft Die deutsche Rosenschule Tantau stellte im Jahre 1985 diese Rose vor.

> **TIPP** *Für eine Hecke sollten die Pflanzen mit einem Abstand von ca. 60 cm gepflanzt werden.*

Blüte 'Romanze' blüht fortwährend in der gesamten Saison. Die Knospen sind blutrot und tropfenförmig. Aus ihnen entwickeln sich halbgefüllte, becherförmige Blüten, deren gewellte Blütenblätter in einem kräftigen Rosa leuchten. Die Blüten haben einen Durchmesser von bis zu 12 cm. Sie duften zart und angenehm.

Charakter Die Pflanze kann eine Höhe von etwa 1,30 m erreichen und wird dabei etwa 80 cm breit. Sie wächst kräftig, aufrecht und reich verzweigt. Die Triebe sind mit zahlreichen Dornen bewehrt. Das glänzend dunkelgrüne Laub ist üppig und resistent gegen Pilzkrankheiten. Dank ihrer vielen guten Eigenschaften erhielt 'Romanze' 1986 das ADR-Prädikat.

> **INFO**
>
> **Der Traum der Rose**
> *Ich habe den Traum der Rose belauscht,*
> *der keusch vom kühlen Duft umsprüht,*
> *aus ihrer Blumenseele glüht;*
> *ich hab ihn mit allen Sinnen*
> *belauscht und mich berauscht.*
>
> Richard Dehmel (1863–1920)

Standort Die Rose gedeiht nicht nur in voller Sonne, auch halbschattige Standorte werden von ihr bestens toleriert. Selbst Hitze und lange Regenperioden machen ihr nichts aus. Man kann sie einzeln oder in kleinen Gruppen in größere Rabatten setzen, wo die formschönen Sträucher immer einen Blickfang bieten. Als Hecke gezogen wird sie rasch wunderbar dicht. Sie kann auch im Kübel auf Balkon oder Terrasse kultiviert werden.

Pflege 'Romanze' ist ausgesprochen pflegeleicht und verzeiht Anfängerfehler mit Leichtigkeit. Allerdings ist ein leichter Winterschutz durch Anhäufeln und Abdecken mit Laub oder Zweigen empfehlenswert.

Rosarium Uetersen

Gruppe Großblumige Kletterrose, Strauchrose

Herkunft Die auch einfach als 'Uetersen' bezeichnete Rose wurde im Jahre 1977 in der deutschen Rosengärtnerei Wilhelm Kordes gezüchtet.

Blüte Die Hauptblüte, der weitere Blütenschübe folgen, liegt im Frühsommer. Die dicht gefüllten, tiefrosafarbenen bis rosaroten, schalenförmigen Blüten mit leichtem silbrigem Schimmer sind bis zu 8 cm groß und erscheinen in dichten Büscheln. Sie verströmen einen zarten Duft, der an Wildrosen erinnert.

Charakter Die Pflanze ist recht kräftig und wächst reich verzweigt mit überhängenden Trieben als Kletterpflanze bis auf eine Höhe von 3 m, als Strauch wird sie nur etwa 2 m hoch. Dabei wird sie fast ebenso breit und bildet oben eine dichte Kuppel. Das Laub ist üppig, groß und glänzend.

Standort Die Sorte gedeiht an nahezu jedem Standort, macht keinen Unterschied zwischen Sonne und Halbschatten und ist ausgesprochen winterhart. Sie ist als Kletterrose hervorragend zum Beranken von Mauern, Zäunen, Säulen oder Bögen geeignet. Als Strauchrose ist sie in Einzelstellung besonders attraktiv.

Pflege Die robuste und wetterfeste Rose ist sehr pflegeleicht und auch für Rosenneulinge geeignet.

Rose de Rescht

Gruppe Alte Rose, Damaszenerrose

Herkunft Diese Alte Rose stammt aus dem Iran und wurde im Jahre 1940 durch Lindsay auf dem europäischen Markt eingeführt.

Blüte Die 'Rose de Rescht' blüht bis zum Herbst. Die stark gefüllten Blüten stehen in dichten Büscheln. Voll geöffnet erscheinen die purpurroten Blüten kissenförmig und erinnern an Pompondahlien, Beim Verblühen verblassen sie etwas, da sie durch Sonneneinstrahlung aufhellen. Der Duft ist herb-süßlich.

Charakter Der Strauch kann bis zu 1 m hoch werden und sich zu einem gut verzweigten, dichten und runden Busch auswachsen. Die Stacheln am dunkelgrünen Holz sind nur kurz. Das lange am Strauch bleibende Laub ist rundlich und dunkel graugrün. Die Rose ist ausgesprochen robust und winterhart.

Standort Die 'Rose de Rescht' benötigt einen sonnigen Platz und kann als Einzelstrauch oder in Gruppen gepflanzt werden. Aber auch als Kübelpflanze kann sie Terrassen und Balkone verzieren.

Pflege Es handelt sich um eine ideale Anfängerrose, die Pflegefehler nicht übel nimmt. Nach einigen Jahren muss sie kräftig zurückgeschnitten werden, damit sie nach der Hauptblüte nachblüht.

Rosemary Harkness

Gruppe Edelrose, Teehybride

Herkunft Im Jahre 1985 stellte der Rosenzüchter Jack Harkness diese nach seiner Frau benannte Rose in Großbritannien vor.

Blüte 'Rosemary Harkness' blüht die ganze Saison hindurch bis tief in den Herbst hinein. Die schön geformten, edlen und gefüllten Blüten sind lachsorange und haben eine orangegelbe bis aprikotfarbene Rückseite. Die Blüten erscheinen in Schüben und duften kräftig und lieblich.

Charakter Die Pflanze wächst buschig, aufrecht und stark und kann eine Höhe von etwa 1 m erreichen. Das Laub ist mittelgrün, groß und

matt glänzend. Das Besondere an dieser Rose ist die außergewöhnliche Farbe der Blüten, die sich auch in der Vase recht lange halten.

TIPP *Diese Rose ist für Dekorationszwecke ideal geeignet. Versuchen Sie es mal mit Blütenblättern in Eiswürfeln.*

Standort An einem sonnigen Standort kann 'Rosemary Harkness' am besten gedeihen. Sie kann in Gruppen in Beete und Rabatten gepflanzt werden und ist auch als Hochstamm erhältlich.

Pflege Ein regelmäßiges Ausputzen der verwelkten Blüten regt die Nachblüte an und lässt sie üppiger ausfallen. Auch eine gezielte Düngung kann die Anzahl und Schönheit der Blüten fördern.

TIPP

Rosenpudding

Zutaten: 20 g stark duftende Rosenblätter, 200 g gestoßener Zwieback, 12 Eigelb, 200 g Puderzucker, 250 g Schlagsahne, 1 Prise Zimt, 1 Prise Salz, 12 steif geschlagene Eiweiß

Zubereitung: Die Rosenblätter waschen, abtropfen lassen und den bitteren Stielansatz entfernen. Mit einem Messer fein hacken. Mit dem Zwieback vermischen und in einer Schüssel zugedeckt stehen lassen. Das Eigelb mit Puderzucker schaumig rühren, Schlagsahne und Rosenmasse, Zimt und Salz zufügen und vermischen. Den Eischnee unterheben. Alles in eine gebutterte, mit Zwieback ausgesiebte Form füllen und etwa 90 Minuten im Wasserbad kochen. Den Rosenpudding mit Wein oder Vanillesoße servieren. Achtung: sehr nahrhaft!

Rosenprofessor Sieber

Gruppe Moderne Strauchrose, Floribundarose

Herkunft Im Jahre 1997 ging diese Rose aus der Rosenschule Wilhelm Kordes hervor.

Blüte Die ganze Saison hindurch bis zum Herbst erscheinen zahlreiche Blütendolden mit halbgefüllten, mittelgroßen Blüten in Lachsrosa, die im Verlauf der Blühzeit heller werden. Die Blüten öffnen sich becherförmig, sind ausgesprochen regenfest und verströmen einen zarten, lieblichen Wildrosenduft.

> **TIPP** *Sie können diese Rose auch als Grabbepflanzung nutzen.*

Charakter Der buschige Rosenstrauch ist sehr wuchsfreudig und wird ca. 80 cm hoch wie breit. Das Laub ist sehr gesund, dicht und zunächst glänzend hellgrün, später dunkelgrün. Die Pflanze ist ausgesprochen blühfreudig und krankheitsfest, was ihr 1996 das ADR-Prädikat einbrachte.

Standort Am besten setzt man die robuste und winterharte Pflanze in eine sonnige Lage. Aber auch in voller Sonne oder im Halbschatten gedeiht sie noch gut. 'Rosenprofessor Sieber' eignet sich vor allem als Beetrose und sollte in Gruppen gepflanzt werden. Für niedrige Einfassungen kann sie mit Mehrjährigen kombiniert werden. Auf Balkon und Terrasse macht sie sich auch im Kübel gut.

Pflege Die widerstandsfähige Pflanze trotzt zahlreichen Pflegefehlern und benötigt nur wenig Aufmerksamkeit. Daher ist sie auch für Anfänger zu empfehlen. Schneiden Sie im Frühjahr die Haupttriebe um ein Drittel, die schwächeren Triebe um zwei Drittel zurück.

> **INFO**
>
> **Professor Sieber**
> Dem Rosenbuchautor und -experte Professor Josef Sieber wurde diese Rose in Anerkennung seiner langjährigen Verdienste um die Rose gewidmet. Er war in Weihenstephan tätig und erhielt den Steinfurther Rosenring.

Roseromantic

Gruppe Flächenrose, Floribundarose

Herkunft Die Rosenschule Wilhelm Kordes stellte diese Rose 1984 in Deutschland vor.

Blüte 'Roseromantic' blüht mehrfach im Sommer und Herbst. Die hellrosafarbenen Blüten, die mit dem Alter weißlich-rosa werden, sind einfach und etwa 5 cm groß. Sie bestehen aus fünf leicht gewellten Blütenblättern und lassen in ihrer Mitte die gelben Staubgefäße erkennen. Die Blüten erscheinen in großen Büscheln und verströmen einen zarten Duft.

Charakter Die strauchförmige Rose wächst breitbuschig und ausladend. Sie hat viele überhängende Triebe. Sie wird dabei ca. 60 cm hoch wie breit. Die Pflanze trägt zierliches, dichtes und dunkelgrün glänzendes Laub. Sie verströmt den natürlichen Charme der Wildrosen, blüht aber reicher und anhaltender.

Standort An einem sonnigen Standort eignet sich die Rose als niedrige, breitwüchsige Einfassung oder Hecke und lässt sich sehr gut mit Zwiebelpflanzen oder Stauden kombinieren.

Pflege 'Roseromantic' ist recht pflegeleicht und kann die ihr zugewiesenen Flächen dicht begrünen. Empfehlenswert sind fünf bis sechs Pflanzen pro Quadratmeter. Bei einer engeren Pflanzung wächst die Rose in die Höhe.

Rosmarin 89

Gruppe Zwergrose

Herkunft Die kleine Rose wurde von Wilhelm Kordes gezüchtet und 1990 in Deutschland vorgestellt. Daher wird sie auch manchmal als 'Rosmarin 90' bezeichnet.

Blüte 'Rosmarin 89' blüht immer, zeigt aber im Sommer eine deutliche Hauptblüte. Aus kugelförmigen Knospen entwickeln sich zart rosafarbene Blüten, die auf ihrer Rückseite eher hellrot sind. Die Blüten sind dicht gefüllt und changieren je nach Witterung zwischen Hellrosa in kühleren Lagen und Hellrot, wenn es wärmer ist. Sie duften zart.

Charakter Das Sträuchlein dieser Zwergrose, die zu den kleinsten überhaupt gehört, wird sehr kompakt und buschig. Bei einer Höhe von nur 20 cm ist es dicht verzweigt. Die Blätter sind glänzend, sehr dicht und mittelgrün.

Standort Wichtig für diese Miniaturrose ist ein optimaler Standort in sonniger Lage. Sie eignet sich für Balkonkästen und Kübel, kann aber auch in Gruppen in Beete gepflanzt werden. Sie ist auch als Zwergstamm attraktiv.

Pflege Die kleine Rose ist recht pflegeleicht, sollte aber im Winter durch Anhäufeln geschützt werden.

Rote Flamme

Gruppe Kletterrose

Herkunft Auch diese Rose ist eine Kordes-Rose. Sie wurde im Jahre 1967 gezüchtet.

Blüte Die üppige Hauptblüte liegt im Sommer, es folgen ihr einige weniger reiche Nachblüten. Die Blüten haben einen Durchmesser von etwa 12 cm, sind dicht gefüllt und blutrot. Sie erscheinen in Büscheln und duften kaum.

Charakter Es handelt sich um einen echten Klettermaxe, der problemlos eine Höhe von 4 m erklimmt. Dabei wächst er aufrecht und verzweigt seine Triebe strauchförmig. Die Blätter sind glänzend dunkelgrün und heben die tiefrote Farbe der Blüten gut hervor.

Standort An einem sonnigen Standort hat die 'Rote Flamme' in kurzer Zeit ganze Mauern und Flächen begrünt. Sie eignet sich für Pergolen, Rankgerüste, Mauern, Wände und Zäune.

Pflege Um die pflegeleichte und genügsame Kletterrose an einer Wand zu ziehen, können Sie Vierkanthölzer als Rankhilfen an der Wand anbringen. Befestigen Sie sie mit Abstandhaltern (etwa 30 cm), damit die Luft noch zirkulieren kann.

Rote Max Graf

Gruppe Strauchrose, Flächenrose

Herkunft Im Jahre 1980 schuf die deutsche Rosenzüchterei Wilhelm Kordes die 'Rote Max Graf', die international auch unter dem Namen 'Red Max Graf' gehandelt wird.

Blüte Leider blüht die Sorte nur einmal im Frühsommer. Die einfachen, samtigen Blüten sind scharlachrot und bestehen aus sechs Blütenblättern. In der Mitte befindet sich ein weißes Auge. Die lange haltenden Blüten erscheinen in kleinen Büscheln.

Charakter Der Strauch wächst kräftig und breitbuschig. Er wird etwa 50 cm hoch. Die Triebe sind dünn und mit 1–2 m sehr lang. Sie entwickeln sich weit überhängend bis niederliegend, sodass sich die Pflanze auch als Bodendecker eignet. Das Laub ist glänzend dunkelgrün, gesund und bleibt lange am Strauch hängen. Im Herbst bildet die Pflanze zahlreiche Hagebutten.

Standort Die Sorte benötigt einen sonnigen Standort und einen guten Boden. Sie dient zur Begrünung größerer Flächen. Auch kann sie Böschungen befestigen.

Pflege Die frostharte Pflanze ist sehr pflegeleicht und reinigt sich selbst. Da sich die Blüten am vorjährigen Holz entwickeln, sollte der Rückschnitt unmittelbar nach dem Verblühen erfolgen.

Rugelda

Gruppe Moderne Strauchrose, Rugosahybride

Herkunft Der deutschen Rosenzucht von Wilhelm Kordes haben wir auch diese Rose zu verdanken, die im Jahre 1989 vorgestellt wurde.

Blüte 'Rugelda' blüht während der ganzen Saison in einzelnen Schüben. Aus dicken, roten Knospen entwickeln sich gefüllte, zitronengelbe Blüten mittlerer Größe, deren Blätter am äußeren Rand rot gesäumt sind. Leider ist ihr allzu schwacher Duft kaum wahrnehmbar.

> **TIPP** *Die Blüten eignen sich hervorragend zu Dekorationszwecken.*

Charakter Der Strauch wächst kräftig und aufrecht und erreicht eine Höhe von ca. 2 m, wobei er über 1 m breit werden kann. Das Laub ist mittelgrün glänzend und leicht faltig. Zudem ist es sehr resistent gegen Krankheiten. Drei Jahre nach ihrer Züchtung wurde 'Rugelda' mit dem ADR-Prädikat geehrt.

Standort Die sehr robuste Rose fühlt sich an einem sonnigen Standort am wohlsten, kann aber auch nährstoffärmere Böden tolerieren. Sie kann als Solitär oder in kleinen Gruppen in Beete und Rabatten gepflanzt werden. Als Hecke ist die wuchsfreudige Sorte geradezu ideal geeignet.

Pflege 'Rugelda' ist sehr widerstandsfähig und frosthart, zudem stellt sie kaum Anforderungen an die Pflege. Es wird empfohlen, die Triebe im Frühjahr um maximal ein Drittel zu kürzen, um eine noch üppigere Blüte zu erzielen.

INFO

Strauchrose und Bambus

Bambusse sind Gräser, die allerdings immergrün sind und deshalb auch im Winter zieren. Vor allem neben wüchsigen Strauchrosen kommen sie, mit deutlichem Abstand, als Partner in Frage. Man unterscheidet horstartige und Ausläufer bildende Arten. Letztere gilt es mit einer Rhizomsperre zu bändigen.

Sander's White Rambler

Gruppe Kletterrose, Ramblerrose

Herkunft Wahrscheinlich stammt diese Rose aus Belgien, wo der Rosenzüchter Sander sie 1912 entdeckte und in Großbritannien einführte.

Blüte Diese einmal blühende Sorte erblüht meist Anfang Juli. Die Blütezeit erstreckt sich nur über wenige Wochen. Es erscheinen zahlreiche, halbgefüllte weiße Blüten. Sie sind rosettenförmig und sitzen in großen Rispen zusammen. Sie verströmen einen leicht fruchtigen Duft.

Charakter Die Rose entwickelt lange dünne Triebe, die mit ein wenig Unterstützung bis zu 4 m lang werden können. Ohne Hilfe wachsen sie kriechend, daher kann 'Sander's White Rambler' auch als Bodendecker verwendet werden. Die lange schön bleibenden Blätter glänzen mittelgrün. Obwohl diese Rose nur einmal blüht, gilt sie als eine der zuverlässigsten Ramblerrosen.

Standort An einem sonnigen Standort und auf nährstoffreichem Boden kann sie ihre ganze Pracht entfalten. Sie kann als Solitär oder in kleinen Gruppen zur Flächenbegrünung bzw. als Kletterrose an Zäunen oder Pergolen eingesetzt werden.

Pflege Rambler zählen immer zu den Rosensorten, die wenig Arbeit machen. Für diese sehr robuste und gesunde Sorte gilt dies ganz besonders. Ramblerrosen benötigen keinen Rückschnitt.

Santana

Gruppe Großblumige Kletterrose

Herkunft Aus dem Hause Tantau stammt diese Rose, die im Jahre 1985 in Deutschland eingeführt wurde.

Blüte Blühfreudigkeit und Blühdauer dieser Sorte, die die ganze Saison über üppig blüht, sind sehr erfreulich. Die großen Blüten sind einfarbig scharlachrot und gefüllt. Bemerkenswert ist vor allem ihre Wetterfestigkeit: Auch während langer Regenperioden bleiben die sehr haltbaren Blüten schön. Leider duften sie kaum.

Charakter Mit einem buschigen und aufrechten Wuchs erklimmt diese Rose rasch eine Höhe von 2 m. Sie verzweigt sich sehr gut. Das lederartige Laub ist glänzt mittelgrün und bedeckt die Triebe bis weit in den Spätherbst hinein.

Standort Für 'Santana' sollte ein sonniger Standort gefunden werden. Hier kann sie als Solitär gepflanzt werden oder an einer Pergola in die Höhe ranken. Auch für Mauern und Säulen ist sie recht gut geeignet.

Pflege Die robuste und sehr frostharte Pflanze dankt jedem Gartenfreund mit ihrer üppigen Blüte.

Scharlachglut

Gruppe Strauchrose, Gallicarose

Herkunft Diese Rose stammt wiederum aus der Rosenschule Wilhelm Kordes und wurde im Jahre 1952 in Deutschland vorgestellt. International ist sie auch unter den Namen 'Scarlet Fire' und 'Scarlet Glow' bekannt geworden.

Blüte Es ist eine Schande, dass 'Scharlachglut' nur einmal im Juni-Juli blüht, denn eine ausgewachsene Pflanze in voller Blüte ist ein hinreißender Anblick. Die großen, einfachen, schalenförmigen Blüten sind samtig scharlachrot mit kontrastierenden gelben Staubgefäßen. Die Blüten erscheinen meist einzeln und erreichen einen Durchmesser von 8 bis 10 cm. Sie duften zart und angenehm.

TIPP *Pflanzt man sie unter einen kleinen Baum, klettert sie ins Geäst und leiht ihm ihre Farbe.*

Charakter Die Pflanze wächst breitbuschig mit überhängenden Zweigen. Als Strauch wird sie bis zu 3 m hoch und 2 m breit. Das dunkelgrüne Laub hat, ebenso wie die Triebe, einen bräunlich-violetten Schimmer. Im Herbst trägt die Rose attraktive, birnenförmige, orange- bis kirschrote Hagebutten.

Standort Die Pflanze toleriert voll sonnige Standorte ebenso wie Lagen im Halbschatten. Auch auf nährstoffärmeren Böden entwickelt sie sich ganz hervorragend. Wichtig ist für sie nur, dass sie ausreichend Platz hat. Daher ist sie eher als Einzelpflanze für große Rabatten zu empfehlen.

Pflege Wenn Sie ausreichend Platz für eine kleine Gruppe haben, sollten Sie den einzelnen Pflanzen mindestens 3 m Platz zueinander einräumen.

| TIPP | **Hagebuttenlikör**
Zutaten: 200 g geputzte Hagebutten, 1 Flasche Korn oder Branntwein, 100 g Zucker

Zubereitung: Eine Literflasche füllt man zu 3/4 mit gereinigten Hagebutten. Mit Korn oder Branntwein auffüllen und die Flasche 6 Wochen an einen sonnigen Platz stellen. Von Zeit zu Zeit durchschütteln. Danach den Inhalt filtern und Zucker zufügen (sehr schmackhaft ist Kandis-Zucker). Den Likör weitere 14 Tage stehen lassen.

Schloss Glücksburg

Gruppe Strauchrose

Herkunft Obwohl diese Rose aus England kommt, wo sie 1986 von der Rosenschule Austin gezüchtet wurde und dort auch als 'English Garden' bezeichnet wird, hat sich der deutsche Namen 'Schloss Glücksburg' durchgesetzt.

Blüte Die Blütenfarbe dieser öfter blühenden Sorte ist sehr veränderlich. Bei heißem Wetter intensiviert sie sich von sanftem Gelb über gedämpftes Ockergelb bis zu warmem Aprikot. Die Blüten sind flach, bestehen aus zahlreichen Blütenblättern und haben oft ein geviertelstes Zentrum.

> **INFO** 'Schloß Glücksburg' wird gelegentlich auch den Englischen Rosen zugeordnet.

Charakter Die kleine aufrechte Pflanze ähnelt im Wuchs eher einer großblumigen Teehybride als einer Strauchrose. Sie hat üppiges, recht gesundes, blassgrünes Laub. Bemerkenswert ist die lange Haltbarkeit der Blüten, die sich daher auch wunderbar zum Schnitt eignen.

Standort Einen sonnigen Standort dankt die Rose mit einer üppigen Blütenpracht. Dasselbe gilt auch für einen humusreichen Boden. In gemischten Rabatten setzt sie als Solitär wunderschöne Farbakzente.

Pflege Die robuste und winterharte Sorte benötigt einen kräftigen Rückschnitt, damit sie umso kräftiger austreiben kann.

INFO

Schloss Glücksburg

Schloss Glücksburg zählt zu den bedeutendsten Schlössern Nordeuropas mit einem wunderschönen historischen Rosengarten. Es wurde zwischen 1582 und 1587 erbaut. Anders als die meisten Wasserschlösser steht das Schloss nicht auf Pfählen, sondern auf einem 2,50 m hohen Granitsockel. Der See, schon im 16. Jh. für den Fischfang angelegt, ist aufgestaut. Das Schloss war Sitz der regierenden Herzöge von Glücksburg, bis es 1779 nach dem Aussterben der älteren Linie an die dänische Krone fiel.

Schneeflocke

Gruppe Bodendeckerrose, Floribundarose

Herkunft Die deutsche Rosenzucht Noack stellte diese Rose im Jahre 1991 vor. International wird sie auch unter den Namen 'White Flower Carpet', 'Emera Blanc' und 'Opalia' gehandelt.

Blüte Die allgemein beliebte Bodendeckerrose blüht bereits im Mai und hält dies durchgehend bis zum Herbst durch. Aus zahlreichen dicken, kugelförmigen Knospen entwickeln sich reinweiße, halbgefüllte Blüten, die aus etwa 10–16 Blütenblättern bestehen. Die Blüten erscheinen in großen Büscheln zu jeweils etwa 25 Einzelblüten. Leider verströmen sie nur einen schwachen Duft.

Charakter Die starkwüchsige Pflanze wächst breitbuschig und verzweigt sich gut. Sie wird bei einer Breite von 40 cm etwa 50 cm hoch. Das mittelgroße, glänzend graugrüne Laub ist sehr gesund und resistent gegen Mehltau und Sternrußtau. Ihrer Widerstandsfähigkeit gegen Krankheiten sowie ihrer unermüdlichen Blühfreudigkeit verdankt sie die Auszeichnung mit dem ADR-Prädikat. Zudem ist sie ein guter Pollenspender.

INFO *Dunklere Gartenecken hellt die fleißig blühende Rose effektvoll auf.*

Standort Die 'Schneeflocke' stellt keine hohen Anforderungen an ihren Standort. Sie gedeiht in sonnigen wie halbschattigen Lagen und kommt auch mit weniger nährstoffreichen Böden noch gut zurecht. Sie kann als Solitärpflanze in Beete und Rabatten gepflanzt werden. In Gruppen eignet sich zur Begrünung größerer Flächen. Außerdem ist sie auch als Hochstamm erhältlich.

Pflege Die robuste und winterharte Sorte ist eine ideale Anfängerrose und deckt schon im zweiten Jahr fast den gesamten Boden ab. Um dies zu erreichen, sollten etwa vier bis fünf Pflanzen pro Quadratmeter eingeplant werden.

Schneewittchen

Gruppe Strauchrose, Floribundarose

Herkunft Die auch unter den Namen 'Fée des Neiges' oder 'Iceberg' bekannte Rose ging im Jahre 1958 aus der deutschen Rosenschule Wilhelm Kordes hervor.

Blüte Diese öfter blühende Rose blüht vom Frühsommer bis zum ersten Frost. Aus länglichen Knospen öffnen sich langsam gefüllte, schalenförmige Blüten in reinem, strahlendem Weiß. Bei sehr heißen Temperaturen tauchen auf den Blüten gelegentlich rosa Tüpfelchen auf. Die Blüten werden ca. 8 cm groß und erscheinen in Büscheln zu je fünf bis sieben Einzelblüten. Sie duften leicht lieblich, sind wetter- und regenfest und bleiben lange schön.

> **TIPP** *Bei einer allein stehenden Pflanze sollte der Rückschnitt nur sehr zaghaft erfolgen.*

Charakter Der Strauch wächst mittelstark und aufrecht mit bogig überhängenden Trieben, die nur wenige Stacheln tragen. Er kann eine Höhe von 1–1,50 m erreichen und wird dabei ca. 60 cm breit. Die Blätter sind leicht gefiedert, mittelgroß und glänzen mittelgrün. 'Schneewittchen' gilt als die beste Rose des letzten Jahrhunderts und wurde 1983 zur besten Rose der Welt gekürt. Sie ist zu einem wahren Klassiker geworden, der sehr frosthart und robust, regenfest und kaum krankheitsanfällig ist. Im Herbst ziert sie sich mit zahlreichen Hagebutten. Zwei Jahre nach ihrer Züchtung erhielt sie das ADR-Prädikat.

S

Standort In der Sonne wie im Halbschatten reift die Pflanze zu ihrer vollen Schönheit heran. Sie verträgt nicht nur längere Regenperioden, sondern auch starke Hitze. Sie kann einzeln oder in Gruppen gepflanzt werden und ist auch als Kaskadenrose erhältlich. Als Hecke wird sie zu einer wahren, blühenden Augenweide. Auch in einem Kübeln gedeiht sie vortrefflich.

Pflege 'Schneewittchen' ist so robust und pflegeleicht, dass sie auch für Rosenneulinge zur Zierde wird. Für eine Gruppenpflanzung sollten ein bis zwei Pflanzen pro Quadratmeter eingepflanzt werden.

Seagull

Gruppe Kletterrose, Ramblerrose, Multiflorahybride

Herkunft 'Seagull' stammt aus Großbritannien und wurde 1907 von der Rosenschule Pritchard auf den Markt gebracht.

Blüte Die Sorte blüht nur einmal im Juli, dafür aber ausgesprochen üppig. Die rein weißen Blüten sind einfach bis halbgefüllt und lassen in ihrer Mitte ihre dekorativen goldgelben Staubgefäße erkennen. Sie erscheinen in Büscheln und betören durch ihren lieblichen Duft.

Charakter Die 'Seagull' ist sehr wuchsfreudig und erklimmt problemlos Höhen von bis zu 5 m. Dabei bildet sie lange Triebe mit rückwärts gekrümmten Dornen. Das dekorative Laub ist sehr groß und glänzt graugrün, eine Farbe, die perfekt mit den Blüten harmoniert. Die Rose gehört zu den beliebtesten weißen Kletterrosen.

Standort In sonniger wie auch in halbschattiger Lage fühlt sich der kräftige Klettermaxe wohl. Er eignet sich hervorragend zum Begrünen von Mauern, Pergolen, Zäunen, Bögen oder Säulen.

Pflege Die Kletterrose ist nicht sehr anspruchsvoll und robust, sodass sie kaum Pflege benötigt. Auch verlangt sie als einmal blühender Rambler keinen Rückschnitt. Nur überalterte Triebe sollten hin und wieder entfernt werden.

Sebastian Kneipp

Gruppe Edelrose, Moderne Rose, Teehybride

Herkunft Die deutsche Rosenschule Kordes züchtete diese Rose im Jahr 1997. Sie ist auch unter dem Namen 'Amoretto' bekannt.

Blüte Die zahlreichen, cremeweißen Blüten dieser öfter blühenden Sorte werden etwa 8 cm groß und erscheinen in üppigen Dolden. Sie sind stark gefüllt und geviertelt. In der Mitte leuchten sie in einer Mischung aus Gelb und Rosa. Sie verströmen einen stark süßlichen Duft.

Charakter Die Pflanze wächst aufrecht, verzweigt sich gut und treibt schnell nach. Sie kann bei einer Breite von etwa 60 cm ca. 1 m hoch werden. Das Laub ist mittelgroß und dunkelgrün glänzend. Im Garten versprüht sie das Flair Nostalgischer Rosen und ist für Romantiker etwas ganz Besonderes.

Standort Die robuste Rose benötigt einen sonnigen Standort, um zu gedeihen, dort verträgt sie auch heiße Südlagen. Sie kann in Gruppen oder einzeln in Beete und Rabatten gepflanzt werden. Auch als Kübelpflanze ist sie erhältlich.

Pflege Die winterharte und gesunde Rose benötigt nicht allzu viel Pflege. Bei einer Gruppenbepflanzung empfehlen sich fünf bis sechs Einzelpflanzen pro Quadratmeter.

Sexy Rexy

Gruppe Beetrose, Floribundarose

Herkunft Diese Rose stammt aus Neuseeland und wurde im Jahre 1984 von der Rosenschule McGredy gezüchtet. In Deutschland wird sie unter dem Namen 'Heckenzauber' gehandelt.

Blüte 'Sexy Rexy' ist besonders blühfreudig und blüht die gesamte Saison hindurch. In zahlreichen, großen Dolden erscheinen mittel- bis hellrosafarbene Blüten auf sehr kräftigen, geraden Stielen. Die Blüten sind gut gefüllt und öffnen sich anfangs kamelien-, später becherförmig. Sie halten lange und duften mild.

Charakter Der robuste Strauch wächst kräftig, kompakt und sehr buschig. Er kann bis zu 70 cm hoch werden. Das Laub ist klein und glänzt hellgrün. So bildet es eine perfekte Harmonie zu den rosafarbenen Blüten. Die Rose ist sehr krankheitsfest und hat eine große Fernwirkung.

Standort An einem sonnigen Standort fühlt sie sich am wohlsten. Sie ist vor allem für kleine Beete und Rabatten geeignet sowie für niedrige Hecken.

Pflege Die Sorte ist sehr pflegeleicht und damit auch für Rosenneulinge geeignet. Ein regelmäßiges Ausputzen während der Blühsaison erhöht die Blühfreude dieser Rose.

Shropshire Lass

Gruppe Englische Rose, Strauchrose

Herkunft Im Jahre 1968 züchtete David Austin diese Rose und stellte sie in Großbritannien vor.

Blüte Die Sorte blüht zwar nur einmal im Frühsommer, bringt dafür aber wunderschöne, den Albarosen ähnelnde Blüten hervor. Sie werden etwa 12 cm groß, sind halbgefüllt und leuchten in einem zarten Rosa, das in der Sonne fast weiß wird. Die voll geöffneten schalenförmigen Blüten lassen in ihrer Mitte goldgelbe Staubgefäße erkennen. Sie verströmen einen zarten Duft.

Charakter Der große Strauch kann bis zu 2,50 m hoch und bis zu 1,80 m breit werden. Er wächst kompakt und aufrecht. Das Laub ist üppig, sehr robust und mittelgrün.

Standort 'Shropshire Lass' gedeiht in sonnigen Lagen wie im Halbschatten. Auch nährstoffarme Böden machen ihr nichts aus. Sie kann als Strauch- oder Kletterrose verwendet werden und sollte am besten in kleinen Gruppen gepflanzt werden.

Pflege Die frostharte Rose ist sehr pflegeleicht. Ältere Seitentriebe sollten nach der Blüte zurückgeschnitten werden, damit die Rose im Folgejahr nicht nur an den Spitzen blüht.

Sneprinsesse

Gruppe Zwergrose

Herkunft Diese Rose stammt aus den Niederlanden und ist eine Züchtung der Rosenschule Grootendorst aus dem Jahre 1966. In Deutschland ist sie als 'Schneeprinzessin' bekannt.

Blüte Die Blüten dieser öfter blühenden Sorte, die vom Frühsommer bis in den Herbst die kleine Pflanze zieren, sind leuchtend weiß, locker gefüllt und kugelrund. Zwar sind sie recht klein, doch erscheinen sie immer büschelweise in großen Gruppen. Ihr Duft ist sehr angenehm und zart.

Charakter Die Pflanze wächst buschig und aufrecht, wird aber nur ca. 35 cm hoch. Das hübsche Laub, das recht lange an den Trieben bleibt, ist klein, hellgrün und glänzend. Es bildet den perfekten Hintergrund für die weißen Blüten.

Standort Um zu gedeihen verlangt die kleine Rose unbedingt einen sonnigen Standort. Sie eignet sich für Beete und Rabatten, kann aber auch in Balkonkästen und Pflanzkübeln kultiviert werden. Da sie für eine Solitärpflanze zu klein ist, wird sie am besten in kleinen Gruppen eingesetzt.

Pflege Die Zwergrose ist recht anspruchslos und blüht zuverlässig. Empfehlenswert ist aber ein leichter Winterschutz durch vorsichtiges Anhäufeln.

Snowline

Gruppe Beetrose, Floribundarose

Herkunft Diese Rose wurde 1970 in der Rosenschule Poulsen in Dänemark gezüchtet. In Deutschland ist sie unter dem Namen 'Edelweiß' bekannt.

Blüte 'Snowline' blüht reichlich und mehrmals im Sommer und im Herbst. Die runden, dicht gefüllten, etwa 8 cm großen, cremeweißen Blüten zeigen in der Mitte goldgelbe Staubgefäße. Die Blüten erscheinen zu mehreren in Büscheln und verströmen einen angenehmen Duft.

> **TIPP** *Besonders hübsch wirkt diese Rose, wenn sie mit niedrigen Stauden oder rot blühenden Beetrosen kombiniert wird.*

Charakter Der Strauch wächst 60 cm hoch, buschig und weit verzweigt. Das Laub ist gesund und dunkelgrün glänzend. 'Snowline' ist eine der schönsten weißen Beetrosen (ADR-Prädikat 1970).

Standort Die Rose liebt die Sonne und sollte auch nur an einem sonnigen Standort gepflanzt werden. Sie ist eine sehr gute Beet- und Rabattenrose, die aufgrund ihres kompakten Wuchses vor allem für kleinere Gärten geeignet ist. Sie wirkt besonders dekorativ, wenn man sie in Gruppen pflanzt.

Pflege Für eine flächendeckende Pflanzung dieser pflegeleichten und gesunden Rose benötigen Sie ungefähr acht Pflanzen pro Quadratmeter.

Sommerabend

Gruppe Flächenrose, Bodendeckerrose

Herkunft Die Rosenschule Kordes zeichnet auch für diese Rose verantwortlich, die im Jahre 1995 vorgestellt wurde.

Blüte Nach einer sehr üppigen Hauptblüte im Frühsommer folgen ununterbrochen weitere Blütenschübe bis in den Herbst. Die einfachen Blüten leuchten dunkelrot, öffnen sich schalenförmig und lassen in ihrer Mitte die gelben Staubgefäße erkennen. Die regenfesten Blüten erscheinen in großen Büscheln und werden bis zu 8 cm groß. Leider duften sie kaum.

INFO *Den gesamten Sommer hindurch werden zahlreiche Bienen von der Rose angezogen.*

Charakter 'Sommerabend' hat einen sehr breitbuschigen Wuchs, bleibt aber mit einer Höhe von ca. 50 cm eher niedrig. Die Triebe strecken sich von der Mitte aus etwa 1 m lang in alle Richtungen, sodass der Boden breitflächig abgedeckt wird. Die Blätter sind grün und glänzend und bilden einen hübschen Kontrast zu den roten Blüten. Der fleißige Bodendecker ist sehr robust und gesund. Ein Jahr nach seiner Züchtung erhielt er das ADR-Prädikat.

Standort Die Rose liebt die Sonne und gedeiht daher an einem sonnigen Standort am besten. Starke Hitze kann sie sehr gut vertragen. Sie ist vor allem als Gruppenpflanze zum Begrünen größerer Flächen geeignet. Auch auf Dachterrassen oder in Hanglagen zum Befestigen von Böschungen kann sie eingesetzt werden. Sie gedeiht ebenfalls in Kübeln oder Balkonkästen gut und ist auch als Kaskadenrose bzw. als Hochstamm erhältlich.

Pflege Die robuste Rose ist sehr pflegeleicht und verzeiht auch gröbere Pflegefehler. Sie sollte nicht zu eng gepflanzt werden, es reichen zwei bis drei Pflanzen pro Quadratmeter. Ein starker Rückschnitt fördert die Blüte, da Bodendeckerrosen an den jungen Trieben besonders reich blühen.

Sommermorgen

Gruppe Bodendeckerrose, Beetrose

Herkunft Die Rose stammt aus Deutschland und wurde im Jahre 1991 durch die Rosenschule Kordes vorgestellt. International ist sie unter den Namen 'Baby Blanket', 'Oxfordshire' oder 'Summer Morning' bekannt geworden.

Blüte Die mehrfach preisgekrönte Rose blüht mehrmals. In unzähligen großen Blütendolden erscheinen becherförmige, gefüllte Blüten. Die Blüten sind nicht sehr groß, mit ihren gekräuselten Blütenblättern aber sehr charmant. Sie leuchten in unterschiedlichen Rosatönen, wobei in der Mitte die goldgelben Staubgefäße freigelegt sind. Sie sind regenfest, duften aber leider nur sehr schwach.

> **TIPP** *Für eine Flächenbepflanzung sollten vier bis fünf Pflanzen pro Quadratmeter eingepflanzt werden.*

Charakter Die Pflanze wird nur 80 cm hoch, wächst aber ausgesprochen breitbuschig. Die Triebe entwickeln sich niederliegend und kriechen in alle Richtungen. Das kleine, dunkelgrün glänzende Laub ist sehr gesund und dicht.

Standort In der vollen Sonne gedeiht die robuste Rose ebenso gut wie im Halbschatten. Sie ist hervorragend für den Vordergrund einer Rabatte geeignet, wo sie als Solitär oder in Gruppen gepflanzt werden kann. Rasch hat sie größere Flächen begrünt. Sie ist auch als Hochstamm erhältlich.

Pflege Die Rose gilt als sehr pflegeleicht und ist daher für diejenigen zu empfehlen, die nicht die Zeit haben, um sie in ihre Rosen zu investieren.

TIPP	**Rosen und Stauden** 'Sommermorgen' lässt sich sehr gut mit Stauden vergesellschaften. Blaue und violette Staudensorten wie Lavendel, Katzenminze, Salbei, Rittersporn oder die Riesendoldenglockenblume harmonieren sehr gut mit rosafarbenen Rosen. Übrigens lassen Blautöne den Garten größer erscheinen.

Sommerwind

Gruppe Flächenrose, Bodendeckerrose

Herkunft Diese Rose stammt aus dem Jahre 1985 und ist aus der deutschen Rosenschule Wilhelm Kordes hervorgegangen. International wird sie unter den Namen 'Surrey', 'Summer Breeze' und 'Vent d'Eté' gehandelt.

Blüte Den ganzen Sommer lang überziehen zahllose gefüllte Blüten den Strauch. Sie leuchten in einem zarten Rosa, das sich zur Mitte hin deutlich vertieft. Sie halten lange und verblassen nicht. Sie öffnen sich schalenförmig und sind mit leicht gewellten Blütenblättern locker gefüllt und werden nur 5 cm groß.

TIPP *'Sommerwind' kann auch als Strauchrose eingesetzt werden, sollte dann aber abgestützt werden.*

Charakter Die Pflanze wird deutlich breiter als hoch und eignet sich daher hervorragend als Bodendecker. Sie wird ca. 1,50 m breit und nur 1 m hoch. Das Laub ist klein, dunkelgrün und resistent gegen Mehltau. Es glänzt matt. Die gekerbten Blüten dieser sehr robusten und blühfreudigen Sorte besitzen einen nostalgischen Charme. Die Rose wurde international mit zahlreichen Preisen ausgezeichnet und ist Trägerin des ADR-Prädikats.

Standort Die frostharte 'Sommerwind' gedeiht in der Sonne wie im Halbschatten. Auch große Hitze macht ihr nichts aus, sie ist salzverträglich und sehr regenfest. Besonders attraktiv wirkt sie großflächig gepflanzt als Vordergrund für höhere Rosen. Sie ist auch als Grabbepflanzung sehr beliebt und zur Befestigung von Böschungen zu empfehlen. Außerdem ist sie als Stammrose erhältlich und kann auf Balkon oder Terrasse auch im Kübel kultiviert werden.

Pflege Die Rose gehört zu den anspruchslosesten und pflegeleichtesten Sorten überhaupt und verzeiht auch größere Pflegefehler. Für eine flächendeckende Begrünung sind drei bis vier Pflanzen pro Quadratmeter ideal.

| INFO | *Der Synonymname 'Surrey' steht für eine Landschaft in England, wo die Rose sich sehr großer Beliebtheit erfreut.* |

Speelwark

Gruppe Edelrose, Teehybride

Herkunft Die deutsche Rosenzucht Wilhelm Kordes stellte diese Rose 1999 vor.

Blüte Die Rose blüht die ganze Saison hindurch. Aus großen, spitzen und roten Knospen mit gelben Streifen entwickeln sich ebenfalls zweifarbige Blüten: Sie sind pfirsichgelb, im Verblühen rötlich überhaucht, groß und dicht gefüllt. Im Verblühen werden sie dunkler. Sie duften reichlich und angenehm lieblich nach frischen Äpfeln und Vanille.

TIPP *Die herrliche Duftrose eignet sich hervorragend für den Schnitt sowie für kulinarische Zwecke.*

Charakter 'Speelwark' hat eine aufrechte Wuchsform, wächst stark und buschig. Der Strauch erreicht eine Höhe von etwa 80 cm. Das dicht stehende Laub ist im Austrieb dunkelrot, wird später dunkelgrün, auffällig glänzend und mittelgroß. Die Rose ist vor allen Dingen wegen ihres ausgesprochen lieblichen Farbtons beliebt.

Standort An einem sonnigen Standort gedeiht 'Speelwark' am besten. Sie kann als Solitär oder in Gruppen in Beete und Rabatten gepflanzt und auch im Kübel kultiviert werden. Auf Balkon und Terrasse betört sie jeden Besucher mit ihrem wunderbaren Duft.

Pflege Die kleine Strauchrose ist nicht sehr anspruchsvoll. Es empfiehlt sich jedoch, die verwelkten Blüten regelmäßig zu entfernen, um so die Nachblüten zu steigern. Achten Sie außerdem auf einen luftigen Standort, um das Risiko von Pilzbefall zu minimieren.

INFO

Duft und Musik

Unter dem Motto „Speelwark macht nicht nur dufte Musik, man kann sie jetzt auch riechen" wurde diese Edelrose der Musikgruppe Speelwark gewidmet. Anlass war ihr 15-jähriges Jubiläum im Rahmen der 100. Fernsehsendung „Freut euch des Nordens".

Suaveolens

Gruppe Alte Rose, Albarose

Herkunft Die Herkunft dieser Rose ist unbekannt, es gab sie jedoch schon vor 1750. Bei den Experten herrscht Uneinigkeit: Die einen sehen in ihr die 'Alba Semiplena', die anderen halten dies für unmöglich, da der 'Suaveolens' die Staubgefäße an den inneren Blütenblättern fehlen. Sie wird auch als 'Alba Suaveolens' bezeichnet.

Blüte Die Sorte blüht nur einmal im Frühsommer, bringt dafür aber zahlreiche halbgefüllte, weiße Blüten hervor. Sie erscheinen einzeln an langen Trieben und duften lieblich.

Charakter Die starkwüchsige Rose wächst aufrecht mit bogig überhängenden Zweigen und kann eine Höhe von etwa 2 m erreichen. Die Triebe tragen gesundes graugrünes Laub. Im Herbst trägt der Strauch zahlreiche orangefarbene, eiförmige Hagebutten.

Standort In der Sonne fühlt sich die Rose am wohlsten, doch kann sie auch gut im Halbschatten kultiviert werden. Sie wirkt einzeln oder in Gruppen gleichermaßen schön. Letzteres eignet sich jedoch aufgrund des starken Wuchses nur für große Gärten.

Pflege Die Rose ist nicht sehr anspruchsvoll. Allerdings ist sie etwas anfällig für Mehltau und Rußtau und sollte daher im Mai-Juni ausreichend, jedoch stickstoffarm gedüngt werden.

Super Excelsa

Gruppe Moderne Kletterrose, Ramblerrose

Herkunft Im Jahre 1986 entstand diese Rose in Deutschland, gezüchtet wurde sie in der Rosenschule Hetzel.

Blüte Die öfter blühende Sorte zeigt ihre Blütenpracht bis in den Herbst hinein. Die Blüten sind gefüllt, erscheinen in kleinen Dolden und werden bis zu 4 cm groß. Sie sind karminrosa mit weißen Mittelstreifen und duften zart.

Charakter Die aufrecht wachsende Kletterrose bildet lange überhängende Triebe und erreicht eine Höhe von bis zu 3 m. 'Super Excelsa' ist sehr gesund, robust und widerstandsfähig gegen Mehltau und Sternrußtau. Aufgrund ihrer guten Eigenschaften erhielt sie 1990 das ADR-Prädikat.

Standort Die Pflanze kann sowohl an einem sonnigen Standort als auch im Halbschatten ihre ganze Pracht entfalten. Sie kann einzeln oder in Gruppen gepflanzt werden und ist auch im Kübel kultivierbar.

Pflege 'Super Excelsa' gehört zu den pflegeleichten Kletterrosen, die sich auch für Rosenneulinge eignen. Die biegsamen Triebe lassen sich hervorragend an Bögen ziehen. Achten Sie beim Ziehen darauf, dass sich die Triebe bogenförmig über das Gerüst verteilen und sich nicht überkreuzen.

Swany

Gruppe Bodendeckerrose, Flächenrose

Herkunft 'Swany' wurde im Jahre 1987 von der Rosenschule Meilland in Frankreich gezüchtet.

Blüte Die Rose blüht vom Frühsommer bis in den Herbst hinein unermüdlich in zahllosen kleinen Büscheln. Die ovalen Knospen entwickeln sich zu strahlend weißen, gefüllten Blüten. Sie öffnen sich zunächst ball-, dann becherförmig und haben eine rosettenartige Form. Sie werden bis zu 5 cm breit und sind sehr regenfest, duften aber leider kaum.

> **TIPP** *Entfernen Sie regelmäßig die verwelkten Blüten, um die Entwicklung neuer Blüten zu fördern.*

Charakter Die Kleinstrauchrose ist sehr wuchsfreudig und wird etwa 50 cm breit wie hoch. Sie entwickelt sich breit strauchförmig, wobei einige Triebe bogig, andere aber flach niederliegend wachsen. Die Triebe sind mit glänzend grünen bis bronzefarbenen Fiederblättern bedeckt, die sich sehr harmonisch hinter den weißen und romantisch wirkenden Blüten einfügen.

Standort 'Swany' benötigt einen sonnigen Standort, um ihre gesamte Pracht zu entfalten. Allerdings gedeiht sie auch in Hang- und Steillagen, wo viele andere Rosen eher Probleme zeigen. Die Sorte ist sehr vielseitig und kann als Solitär oder in Gruppen in Beete und Rabatten gepflanzt werden. An steilen Abhängen können die Triebe nach unten gezogen werden, um den Boden flächig zu bedecken. Aber auch in Kübeln oder Ampeln kann die Rose kultiviert werden. Sie ist ebenfalls als Hochstamm erhältlich.

Pflege Als anspruchslose und wuchsfreudige Bodendeckerrose eignet sie sich auch für Gartenfreunde, die einfach nur genießen möchten. Wichtig ist allerdings, dass die Triebe nach der Blüte auf vier bis sechs Augen stark zurückgeschnitten werden. Für eine flächige Wirkung sollten Sie alle Triebe in einer Höhe abschneiden.

Sweet Dream

Gruppe Zwergrose, Floribundarose

Herkunft Die Rose stammt aus Großbritannien und wurde im Jahre 1988 von der Rosenschule Fryer vorgestellt.

Blüte Die dicht gefüllten, rosettenartigen Blüten dieser öfter blühenden Sorte haben eine interessante Farbe zwischen Aprikot, Pfirsich und Lachsrosa. Die runden Blüten öffnen sich becherförmig mit anmutig nach außen gebogenen Blütenblättern. Sie erscheinen in dichten Büscheln und duften stark und süß.

Charakter Die kleine Rose wächst aufrecht und buschig. Sie wird bis zu 40 cm hoch und trägt schönes, dunkelgrünes und vor allem gesundes Laub, das aber leider nicht sehr dicht ist und die Pflanze manchmal etwas kahl erscheinen lässt. 'Sweet Dream' ist größer, buschiger und robuster als viele andere Zwergrosen.

> **TIPP** *Vergessen Sie nicht, Kübelpflanzen an frostfreien Wintertagen zu gießen.*

Standort Die kleine Rose sollte einen Platz an der Sonne genießen dürfen. Sie eignet sich ideal für Blumentöpfe und Balkonkästen, kann aber auch in Beete und Rabatten gepflanzt werden, wo sie sich als Einfassung besonders eignet. Natürlich ist sie vor allem für kleinere Gärten zu empfehlen.

Pflege Für einen Winterschutz ist die ansonsten sehr robuste Zwergrose ausgesprochen dankbar. Manchmal reicht es schon, die Töpfe an die Wand zu rücken, wo sie etwas besser vor der Kälte geschützt sind. Ansonsten empfiehlt sich ein Umwickeln der Töpfe mit Kokosfasermatten. Die Erdoberfläche sollten Sie mit Kompost, Laub und Reisig abdecken.

TIPP

Frostschäden vorbeugen
Die beste Vorbeugung ist ein ausreichend tiefes Pflanzloch, um die empfindliche Veredelungsstelle vor der Kälte zu schützen. Sie sollte mindestens 5 cm unter der Erde liegen. Geben Sie den Rosen im August Kalimagnesium, damit das Holz richtig ausreifen kann und dem Frost besser standhält.

Taifun

Gruppe Edelrose, Teehybride

Herkunft Die international auch als 'Typhoon' bekannte Rose entstand in der Rosenschule Wilhelm Kordes und wurde 1972 in Deutschland vorgestellt.

> **TIPP** *Die Blüten sind wie geschaffen für kulinarische Genüsse und eignen sich auch für Dekorationen aller Art.*

Blüte Die mehrmals blühende Rose bringt kugelige, gefüllte Blüten in Lachsrosa- und Orangetönen hervor. Am Ansatz sind sie gelb überhaucht. Die eleganten Blüten sind sehr regenfest und werden bis zu 10 cm groß. Sie verströmen einen betörenden Duft.

Charakter 'Taifun' ist ein wuchsfreudiger, breitbuschiger Strauch, der ca. 70 cm hoch und fast genauso breit wird. Das Laub glänzt dunkelgrün und betont den hübschen Farbton der Blüten. Die schöne Rose ist auch als Schnittblume außerordentlich beliebt.

Standort Am wohlsten fühlt sich die 'Taifun' an einem sonnigen Standort. Sie eignet sich als Solitär oder in Gruppen für Randbeete und Rabatten, kann aber auch als Hecke gepflanzt werden.

Pflege 'Taifun' ist recht robust, bedarf aber eines sorgfältigen Rückschnitts. Auch das regelmäßige Ausputzen im Sommer sollte nicht unterbleiben, um die Nachblüte zu fördern.

TIPP

Rosenkakao
Zutaten: 1/4 l Vollmilch, 1/4 l süße Sahne, 1 TL Zucker, 4cl Rosenweinbrand, 4 EL Raspelschokolade

Zubereitung: Vollmilch, die Hälfte der Sahne, Zucker und Raspelschokolade 2–3 Minuten langsam aufkochen. Von der Herdplatte nehmen. Den Rosenweinbrand zufügen und in Tassen oder Trinkgläser füllen. Die restliche Sahne steif schlagen und auf die Rosentrinkschokolade geben. Mit Schokoladenraspeln verzieren.
Zur Herstellung des Rosenweinbrands finden Sie auf Seite 157 ein passendes Rezept.

The Fairy

Gruppe Bodendeckerrose, Beetrose, Polyantharose

Herkunft Im Jahre 1932 züchtete der Brite Bentall diese Rose, die ebenfalls unter den Namen 'Fairy' oder 'Féerie' bekannt geworden ist.

Blüte 'The Fairy' blüht erst spät auf, dann aber die gesamte Saison hindurch bis zum ersten Frost und das fast pausenlos und überreich. Aus kleinen Knospen entwickeln sich 2–3 cm große Blüten, die immer in Büscheln von mindestens 30 Einzelblüten erscheinen. Die rosettenförmigen Pomponblüten sind stark gefüllt und leuchten in einem hellen Zartrosa. Leider sind die Blüten so gut wie geruchlos.

> **TIPP** *'The Fairy' lässt sich gut mit Stauden kombinieren und sieht in Heidegärten besonders reizvoll aus.*

Charakter Die Sorte wächst vor allem in die Breite und kann bis zu 90 cm breit werden, allerdings nur ca. 50–60 cm hoch. Der Strauch entwickelt sich mittelstark und buschig, mit feinen und bogig überhängenden Trieben. Die kleinen, glänzenden und spitzen Blätter sind dunkelgrün und sehr attraktiv. Schön ist auch ihre herbstliche Gelbfärbung. Die sehr robuste und frostharte Sorte ist zu Recht eine sehr beliebte Beet- und Flächenrose und wird auch als Schnittblume geschätzt.

Standort In der Sonne wie im Halbschatten findet die Rose einen geeigneten Standort. Außerdem ist ausgesprochen hitze- und salzverträglich. Sie ist sehr vielseitig und findet als niedrige Strauchrose, Randpflanze oder Bodendecker ebenso Verwendung wie als Hochstamm-

Kaskadenrose. Sie kann problemlos in Kübeln auf Balkon und Terrasse kultiviert werden und eignet sich auch zur Grabbepflanzung. Mit ihren überhängenden Zweigen macht sie sich auch in Ampeln sehr gut. Auch niedrige Mauern begrünt sie gerne.

Pflege Die wuchsfreudige Strauchrose ist sehr pflegeleicht, sollte aber an einem luftigen Standort stehen, da die ansonsten krankheitsresistente Pflanze bei ungünstiger Witterung etwas anfällig für Mehltau und Sternrußtau ist.

The Pilgrim

Gruppe Englische Rose, Strauchrose

Herkunft Im Jahre 1991 wurde diese Rose von der Rosenschule Austin in Großbritannien vorgestellt. Die Namen 'Pilgrim' oder 'Gartenarchitekt Günther Schulze' stehen für dieselbe Rose.

> **TIPP** *Das zarte Cremegelb der Blüten lässt sich hervorragend mit andersfarbigen Blüten kombinieren und sieht in einem gemischten Beet besonders attraktiv aus.*

Blüte Die Blüten erscheinen vom Sommer bis in den Herbst in großen Gruppen. Sie bestehen aus zahllosen kleinen, eingerollten Blütenblättern, die in ihrer Gesamtheit eine kunstvoll aufgebaute, flache Blüte bilden. Die Mitte junger Blüten leuchtet in einem warmen Gelb, das später zu einem Cremeton verblasst. Die Blüten duften angenehm nach Vanille.

Charakter Der wüchsige und kompakte Strauch hat eine elegante Gestalt. Er wird mit etwa 1,50 m etwas höher als durchschnittliche Strauchrosen. Sein Laub ist glänzend mittelgrün und sehr gesund. 'The Pilgrim' ist die erste gelbe romantische Rose, denn diese Farbe fehlte bei den Alten Rosen.

Standort An sonnigen Standorten gedeiht 'The Pilgrim' am besten. Es handelt sich um eine ausgezeichnete Beetrose, die sowohl für Einzel- als auch für Gruppenpflanzungen geeignet ist. Aufgebunden kann sie auch als niedrige Kletterrose eingesetzt werden. Da der Busch sehr kompakt wächst, kann man ihn auch in einem Kübel kultivieren.

Pflege Um sie als Kletterrose einzusetzen, müssen die Triebe aufgebunden werden. Sie ist aber unter dem Namen 'The Pilgrim Climbing' bereits im Handel erhältlich.

TIPP

Die richtige Vase
Damit sich Schnittrosen möglichst lange halten, sollten ihre Stiele so tief wie möglich im Wasser stehen. Aus diesem Grund sind hohe Gefäße immer geeigneter als flache. Empfehlenswert sind außerdem Vasen aus durchsichtigem Glas, da dann auch die oft hübschen Stiele sichtbar bleiben.

The Prince

Gruppe Englische Rose, Strauchrose

Herkunft 'The Prince' stammt aus der britischen Rosenschule Austin und wurde im Jahre 1990 vorgestellt.

Blüte Die Rose blüht pausenlos vom Frühsommer bis zum späten Herbst. Die tintenblauen Knospen sind fest und rund. Sie entfalten sich schalenförmig zu dunkel scharlachroten Blüten, die sich schnell karmesinrot bis violett verfärben. Die rosettenförmigen Blüten sind stark gefüllt und geviertelt. In der Mitte lassen sie manchmal ein grünes Auge erkennen. Die Blüten verströmen einen intensiven Duft, der sonst für Alte Rosen typisch ist.

Charakter Der Strauch wächst buschig, bleibt aber mit einer Höhe von ca. 70 cm eher niedrig. Dabei kann er bis zu 90 cm breit werden. Die Triebe sind dünn und spärlich mit dunkelgrünen Blättern belaubt. Bei dieser Rose stehen die herrlichen, an Gallicarosen erinnernden Blüten mit ihrer außergewöhnlichen Färbung im Vordergrund. Sie eignen sich auch als Schnittblumen.

> **TIPP**
>
> **Vorsicht!**
> Leben Sie in kälteren Regionen, sollten Sie auf diese Rose verzichten, die nur bei warmem Klima wirklich gut gedeiht.

Standort Wählen Sie einen wirklich sonnigen Standort für diese Pflanze. 'The Prince' verdient einen Standort, an dem der ungewöhnliche Charakter der Blüten gut zur Geltung kommt. Der Strauch selbst mit seinen schwächlichen Blütenstielen und der dürftigen Belaubung wirkt eher unansehnlich und sollte daher im Hintergrund eines Beetes stehen, wo er durch andere Pflanzen kaschiert wird. Am besten wird die Rose in Gruppen gepflanzt. Sie eignet sich auch als lockere Hecke und gedeiht als Kübelpflanze ebenso.

Pflege Die regelmäßige Pflege eines Rosenliebhabers verbessert das Gesamtbild der Pflanze, die dadurch besser und dichter wachsen kann. Pflegefehler nimmt sie eher übel und sollte daher nicht in die Hände von Anfängern.

Topaz Jewel

Gruppe Strauchrose, Flächenrose, Rugosa-Hybride

Herkunft Als Abkömmling der Kartoffelrose wurde diese Rose 1988 in den Vereinigten Staaten durch den Züchter Moore vorgestellt. Ein Jahr später wurde sie durch Meilland in Europa eingeführt. International wird sie auch unter den folgenden Namen gehandelt: 'Gelbe Dagmar Hastrup', 'Rustica 91', 'Gelbe Frau Dagmar Hartopp', 'Yellow Dagmar Hastrup', 'Yellow Fru Dagmar Hartopp'.

Blüte Die Sorte hat im Sommer eine Hauptblüte, gefolgt von einigen schwächeren Nachblüten. Die primelgelben, halbgefüllten und ca. 8 cm großen Blüten erscheinen einzeln oder in Büscheln und öffnen sich zu einer breiten Becherform. Die leicht gekräuselten Blütenblätter geben den Blick auf die goldgelben Staubgefäße frei. Die Blüten verströmen einen angenehm fruchtigen Duft.

Charakter Die ausgesprochen robuste Rose ist frosthart und salzverträglich. Sie wächst aufrecht und kann bis zu 80 cm hoch wie breit werden. Die Triebe sind ausladend und weit verzweigt. Das Laub ist matt, rau und leuchtet in einem kräftigen Grün, allerdings ist es nicht sehr krankheitsfest. Die 'Topaz Jewel' ist die erste gelbe Variante der bis dahin in Rosa und Weiß blühenden Kartoffel- oder Japanischen Rosen.

Standort Diese Rose gedeiht in der Sonne wie im Halbschatten. Als Einzel- oder Gruppenpflanze in gemischten Rabatten oder als kleine Hecke ist sie sehr attraktiv. Da sie aber ungleichmäßig wächst, ist sie als allein stehende Beetpflanze nicht wirklich zu empfehlen.

TIPP *Schneiden Sie die Rose jährlich zurück, damit sie nicht so sparrig wächst.*

Pflege Die Blüten sind leider regenempfindlich und auch empfindlich gegen Kalk, was man an den gelblich verfärbten Blättern erkennen kann. Dies sollte durch kalkarmen Dünger berücksichtigt werden. Außerdem ist das Laub anfällig für Mehl- und Rußtau.

Trier 2000

Gruppe Beetrose

Herkunft 'Trier 2000' entstand im Jahre 1991 in der deutschen Rosenschule Kordes.

Blüte Die Rose blüht mehrmals und recht üppig. Aus tropfenförmigen Knospen entfalten sich einfache, schalenförmige Blüten in einem warmen Rosaton. Interessant sind die gewellten Blütenblätter und die rötlichen Adern, die hübsche Farbeffekte hervorzaubern. Die geöffneten Blüten geben den Blick auf die dunkelbraunen Staubgefäße frei. Sie umgeben sich mit einem zarten Duft.

Charakter Es handelt sich um einen etwa 80 cm hohen Strauch, der buschig und aufrecht wächst und sich reich verzweigt. Das Laub ist dunkelgrün und kontrastiert effektvoll mit den rosafarbenen Blüten.

Standort Um zu gedeihen verlangt die Rose einen sonnigen Standort. Sie eignet sich vor allem für eine Bepflanzung in größeren Gruppen und kann so auch größere Flächen begrünen. Auch am Gehölzrand wirkt sie sehr hübsch, da ihre hellen Blüten echte Lichtpunkte setzen.

Pflege Die wetterfeste und robuste Rose wächst fast von alleine und benötigt kaum gärtnerische Aufmerksamkeit. Um die Nachblüten zu fördern, sollten die verwelkten Blüten entfernt werden.

Triomphe de l'Exposition

Gruppe Alte Rose, Remontantrose

Herkunft Im Jahre 1855 züchtete Jules Margottin diese Rose und stellte sie in Frankreich vor.

Blüte Die Hauptblüte erfolgt im Frühsommer, die Nachblüten fallen weniger üppig aus, reichen aber bis in den Herbst hinein. Die großen, charmanten Blüten sind dicht gefüllt, manchmal geviertelt und leuchten in einem tiefen Karminpurrot. Sie werden von einem zarten, süßen Duft umgeben.

Charakter Es handelt sich um eine ausgesprochen großwüchsige Remontantrose, die locker die Höhe von 1,50 m erreicht. Sie hat dicke, lange Triebe, die mit roten Dornen bewehrt und mit üppigem Laub überzogen sind.

Standort 'Triomphe de l'Exposition' gedeiht nur in einer sonnigen Südlage und kann in Gruppen oder als Solitär in Beete und Rabatten gepflanzt werden. Vor allem für Liebhaber nostalgischer Gärten ist diese typische Alte Rose geradezu ideal geeignet.

Pflege Die Rose ist sehr anspruchsvoll, doch einen korrekten Rückschnitt sowie ausreichend Dünger und Wasser dankt sie jedem Bewunderer.

Tuscany

Gruppe Alte Rose, Gallicarose

Herkunft Die Herkunft dieser sehr alten Rose ist unbekannt, vermutlich stammt sie aus Italien und war schon vor 1596 bekannt.

Blüte Die Blüten dieser einmal blühenden Rose sind groß, samtig, schwärzlichrot bis dunkelviolett und halbgefüllt. Sie erscheinen einzeln an langen Stielen und öffnen sich in einer abgeflachten Schalenform. Sehr auffällig sind die großen goldgelben Staubgefäße, die in der Mitte freiliegen. Leider duften die außergewöhnlichen Blüten nur wenig.

Charakter Die Rose entwickelt sich zu einem kompakten, buschig aufrecht wachsenden Strauch, der 90 cm hoch und ebenso breit wird. Sie zählt zu den besonders charakteristischen Gallicarosen.

Standort An einem sonnigen Standort kann 'Tuscany' noch größer werden und blüht dort auch üppig. Sie sollte als Solitär oder in Gruppen auf größere Flächen gepflanzt werden und kann auch Böschungen in Hanglagen befestigen.

Pflege Die Rose ist zwar recht robust, aber nicht sonderlich krankheitsresistent, benötigt daher einen luftigen Standort sowie ausreichend Pflege und Nährstoffe.

Tuscany Superb

Gruppe Alte Rose, Gallicarose

Herkunft Die Herkunft dieser Rose, die auch als 'Superb Tuscany' bezeichnet wird, ist nicht gesichert. Vermutlich entstand sie als Sämling oder Sport der 'Tuscany' um die Mitte des 19. Jahrhunderts.

Blüte Die einmal blühende Sorte entwickelt große, samtig karmesinrote, halbgefüllte Blüten, die sich schalenförmig öffnen. Die Blüten sind sehr viel größer als die der Elternpflanze, die goldgelben Staubgefäße dagegen weniger auffällig. Ein weiteres verbessertes Merkmal ist der intensivere Duft.

Charakter Die Höhe der kompakten und buschig aufrecht wachsenden Strauchrose kann je nach Standort zwischen 1 m und 2 m liegen. Die hübschen Blätter sind klein und mittelgrün glänzend.

Standort Die Rose gedeiht nicht nur in sonnigen Lagen, sondern auch im Halbschatten. Hier allerdings wird sie höher, weil sie sich zur Sonne reckt. Dafür fällt die Blüte etwas spärlicher aus. Die Rose kann einzeln oder in Gruppen gepflanzt werden. Auch dient sie zur Befestigung von Böschungen und gedeiht ebenfalls in Hanglagen.

Pflege Die Rose ist recht anspruchsvoll und etwas anfällig für Mehl- und Sternrußtau. Daher ist die Pflege etwas aufwändiger.

Valencia

Gruppe Edelrose, Teehybride

Herkunft Im Jahre 1989 stellte die Rosenschule Kordes diese Rose vor. Sie wird auch unter den Namen 'New Valencia', 'Valeccia' und 'Valencia 89' gehandelt.

Blüte Die Sorte bringt den ganzen Sommer und Herbst hindurch großartige klassische Blüten hervor. Sie entfalten sich aus eleganten, länglichen Knospen, sind bernstein- bis messinggelb und dabei rötlich überhaucht. Die gefüllten Blüten werden etwa 10 cm groß und erscheinen einzeln auf langen kräftigen Stielen. Sie duften sehr intensiv und angenehm süßlich.

> **TIPP** *In den Hintergrund eines Beetes gepflanzt, versteckt sich ihr unregelmäßiger Wuchs.*

Charakter Der Rosenstrauch ist sehr wuchsfreudig, wächst aber breit, flach und ein wenig unregelmäßig. Er wird ca. 70 cm hoch und etwa 60 cm breit. Die Triebe sind mit ledrigem, dunkelgrün glänzendem Laub bedeckt. Ihrer Schönheit und ihrem Duft verdankt 'Valencia' ihre große Beliebtheit als Schnittblume.

Standort Wählen Sie einen sonnigen und luftigen Standort für diese Rose, denn dort gedeiht sie am besten. Sie eignet sich für kleine Gruppen, die sie in Beete oder Rabatten pflanzen können, oder auch als Randbepflanzung.

Pflege Die anmutige Rose ist nicht ganz anspruchslos und sollte regelmäßig gezielt gedüngt und zurückgeschnitten werden. Beachten Sie auch das regelmäßige Ausputzen während der Blüte.

TIPP

Rosen-Kiwi-Marmelade
Zutaten: 500 g Kiwis, 4 EL Wasser, 500 g Rosenmus aus Rosenblüten, Wasser und Gelierzucker, 750 g Gelierzucker, Saft von 4 Zitronen

Zubereitung: Die Kiwis schälen, zerkleinern und mit dem Wasser 15 Minuten aufkochen. Durch ein Sieb passieren und zusammen mit dem Rosenmus langsam unter ständigem Rühren aufkochen. Zucker und Zitronensaft zufügen und nochmals 5 Minuten kochen. Heiß in Gläser füllen und verschließen. Anstelle des Wassers kann auch Wein genommen werden. Das verfeinert den Geschmack der Marmelade.

Veilchenblau

Gruppe Kletterrose, Ramblerrose

Herkunft Die deutsche Rosengärtnerei Schmidt züchtete diese Rose im Jahr 1909. International wird sie auch als 'Blue Rambler', 'Blue Rosalie' und 'Violet Blue' gehandelt.

Blüte Die kräftige Kletterrose blüht nur im Juni-Juli. Die kleinen, halbgefüllten, violetten Blüten öffnen sich schalenförmig und zeigen in ihrer Mitte ein weißes Auge mit goldgelben Staubgefäßen. Während der Blühdauer wechselt die Blütenfarbe, die manchmal eher blau erscheint, zu einem gräulichen Mauve. Die Blüten erscheinen in großen Dolden und verströmen einen angenehmen, fruchtigen Duft.

Charakter Die Rose ist sehr wuchsfreudig und entwickelt sich zu einem dichtbuschigen und aufrechten Strauch, der problemlos eine Höhe von 4 m erklimmen kann. Die Triebe sind mit frischgrünen Blättern bedeckt, tragen aber so gut wie keine Stacheln.

Standort 'Veilchenblau' fühlt sich nicht nur in der Sonne wohl, sondern kann auch im Halbschatten kultiviert werden. Rasch hat sie Pergolen, Rankgerüste, Wände oder Zäune begrünt und erklommen, was einer ihrer großen Vorteile ist.

Pflege Die Rose ist recht robust und sehr pflegeleicht. Zwar ist sie etwas anfällig für Mehltau, wächst aber trotz des Befalls weiter.

Venusta pendula

Gruppe Kletterrose

Herkunft Die genaue Herkunft der 'Venusta pendula' ist unbekannt. Wahrscheinlich stammt sie von der Feldrose Rosa arvensis ab. Im Jahre 1928 wurde sie von Wilhelm Kordes in Deutschland eingeführt.

Blüte Blütezeit ist Juni-Juli. Die halbgefüllten Blüten sind weiß und an den Rändern dezent rosa überhaucht. Die mittelgroßen Blüten erscheinen in unzähligen Büscheln. Zwar blüht sie nur einmal, dafür aber reichlich, der Duft aber ist eher schwach.

Charakter Die Kletterrose ist locker verzweigt und bringt stark wachsende, lange, dünne Triebe hervor. Die Blätter sind mattgrün. Die Rose benötigt, um nicht auf dem Boden zu kriechen, eine Kletterhilfe. Lässt man sie in einen Baum wachsen, hängen die Triebe grazil herab.

Standort Die wuchsfreudige 'Venusta pendula' ist winterhart und verträgt auch Standorte im Halbschatten. Schnell macht sie Mauern oder Gartenecken zu wahren Augenweiden.

Pflege Diese Rose ist sehr pflegeleicht und begräbt bei nur wenig Aufmerksamkeit auch dunkle Gartenecken unter ihren weißen Blüten.

Weisse Wolke

Gruppe Strauchrose

Herkunft Die Rosenschule Wilhelm Kordes züchtete diese Rose im Jahre 1993 und stellte sie in Deutschland vor.

Blüte Diese mehrmals blühende Sorte bringt zahlreiche Blüten in herrlich reinem Weiß hervor. Sie sind gefüllt und öffnen sich becherförmig. In ihrer Mitte geben sie den Blick auf ihre goldgelben Staubgefäße frei. In großen Büscheln zu zahlreichen Einzelblüten leuchtet das Weiß über den gesamten Busch. Die Blüten verströmen einen sehr angenehmen und lieblichen Duft.

Charakter Der reich verzweigte Strauch wächst recht ausladend und wird ebenso breit wie hoch. Er erreicht dabei eine mittlere Größe von ca. 90 cm. Das Laub ist sehr gesund, auffallend glänzend und grasgrün. Es harmoniert hervorragend mit dem reinen Weiß der Blüten.

Standort Leider gedeiht die Rose nur an einem sonnigen Standort. Sie eignet sich ausgesprochen gut als Randbepflanzung oder niedrige Hecke, die rasch dicht wird. Als Solitärstrauch ist die 'Weiße Wolke' besonders attraktiv, da sie breit und gleichmäßig wächst. Dank ihrer mittleren Größe eignet sie sich vor allem für kleinere Gärten. In großen Kübeln kann sie ebenfalls kultiviert und zu einem Schmuckstück auf Terrasse oder Balkon werden.

Pflege Die Rose ist recht pflegeleicht und nicht sonderlich krankheitsanfällig. Als öfter blühende Strauchrose benötigt sie im Frühjahr einen starken Rückschnitt, damit der Austrieb kräftiger wird.

INFO

Und der Rosenliebhaber Adenauer sagte:
*Die Rose ist etwas so Schönes,
dass auch der wahnsinnigste Züchter
sie nicht verderben kann.*

Konrad Adenauer (1876–1967)

Westerland

Gruppe Strauchrose, Floribundarose

Herkunft Diese nach dem gleichnamigen Kurort auf der Insel Sylt benannte Rose wurde in der Rosenschule Wilhelm Kordes gezüchtet und stammt aus dem Jahre 1969.

Blüte Die Sorte blüht nur in mäßiger Zahl, dafür aber den ganzen Sommer und Herbst hindurch. Aus kegelförmigen Knospen entfalten sich gefüllte, schalenförmige Blüten mit einer offenen Mitte. Die Grundfarbe ist ein hübsches Orange, das von lachsrosa- und aprikotfarbenen Nuancen überhaucht wird. Die Blütenblätter haben leicht gesägte Ränder, was den Blüten ein charmant gekräuseltes Aussehen verleiht. Die Blüten werden etwa 10 cm groß und erscheinen in Dolden aus ca. zehn ausgesprochen regenfesten Einzelblüten. Sie duften sehr stark und immer fruchtig frisch.

> **TIPP** *Da die Rose Platz benötigt, sollten nicht mehr als ein bis zwei Pflanzen pro Quadratmeter eingepflanzt werden.*

Charakter Der imposante Strauch ist sehr wuchsfreudig und entwickelt sich breitbuschig, aufrecht und mit bogig überhängenden, stark bestachelten Trieben. Er kann bis zu 2 m hoch und etwa 1,50 m breit werden. Das dichte Laub besteht aus großen, weichen und tiefgrün glänzenden Blättern, die weitestgehend krankheitsresistent sind. Fünf Jahre nach ihrer Züchtung erhielt die 'Westerland' das ADR-Prädikat.

Standort 'Westerland' sollte einen sonnigen Standort genießen dürfen, wo sie auch starke Hitze und sogar Höhenlagen sehr gut verträgt. Als Solitär oder in kleinen Gruppen ist sie in Beeten und Rabatten immer ein attraktiver Blickfang. Sie ist ebenfalls als Hecke geeignet und muss nicht zwingend eine Beetrose bleiben, sondern kann auch als Kletterrose gezogen werden. In einem ausreichend großen Kübel fühlt sie sich ebenfalls wohl.

Pflege Die normal gesunde Rose ist sehr pflegeleicht und daher auch Rosenneulingen zu empfehlen. Da sie jedoch nicht sehr winterhart ist, sollte an einen leichten Winterschutz gedacht werden.

Wife of Bath

Gruppe Englische Rose, Strauchrose

Herkunft Der Brite David Austin züchtete diese Rose im Jahre 1969. Häufig wird sie auch als 'The Wife of Bath' bezeichnet.

> **TIPP** *Abgestorbene Triebe werden entfernt und wachsen sehr schnell wieder nach.*

Blüte Unermüdlich blüht die mittelgroße Strauchrose die ganze Saison hindurch. Die halbgefüllten, altmodisch anmutenden Blüten öffnen sich becherförmig. Auf der Innenseite sind die Blütenblätter dunkelrosarot und auf der Außenseite rosenrot getönt. Sie duften betörend nach Myrrhe.

Charakter Es handelt sich um eine relativ kleine, breitbuschige Pflanze, die sich gut verzweigt. Sie wird mit einer Höhe von 1 m und einer Breite von ca. 60 cm nur mittelgroß. Das Laub ist klein und leuchtend grün. Zu Recht sind die Blüten auch als Schnittblumen beliebt.

Standort An einem sonnigen Standort kann die Rose in kleinen Gruppen in Beete und Rabatten gepflanzt werden. Außerdem ist sie auch als lockere Hecke zu empfehlen. Dank ihres kompakten Wuchses ist sie die perfekte Rose für kleine Gärten oder Kübel.

Pflege Die robuste und krankheitsfeste Rose ist sehr pflegeleicht. Allerdings braucht sie Platz, daher sollten nicht mehr als ein bis zwei Pflanzen für einen Quadratmeter eingesetzt werden.

INFO

Wem Mutter Natur ein Gärtchen gibt

Wem Mutter Natur
ein Gärtchen gibt und Rosen,
dem gibt sie auch
Raussen und Blattläuse,
damit er's verlernt,
sich über Kleinigkeiten zu entrüsten.

Wilhelm Busch (1832–1908)

William Lobb

Gruppe Alte Rose, Moosrose

Herkunft Die auch als 'Duchesse d'Istrie' oder 'Old Velvet Moss' bekannte Rose stammt aus der Rosenschule Laffay und wurde 1855 in Frankreich präsentiert.

Blüte Die Sorte blüht einmal im Hochsommer. Die Knospen sind mit weichem, mittel- bis dunkelgrünem Moos überzogen. Die etwas zerzaust wirkenden Blüten in verschiedenen Abstufungen von Scharlachrot bis Violett stehen in Gruppen an langen Stielen. Sie sind halbgefüllt und an den Rückseiten der Blütenblätter sehr viel heller. Sie duften betörend.

INFO *Der englische Botaniker William Lobb (1809–1863) spürte im Auftrag der Gartenfirma James Veitch dekorative Gartenpflanzen in aller Welt auf. Er brachte zahlreiche Bäume und Sträucher aus Südamerika nach England. Ihm wird auch die Einführung der später sehr beliebten Andentanne (Araucaria araucana) aus Chile zugeschrieben.*

Charakter 'William Lobb' wächst kräftig und aufrecht, verzweigt sich aber nur wenig. Sie kann bis zu 2,50 m hoch werden. Ihr Laub ist dicht und besteht aus mittelgroßen, groben Blättern mit gesägtem Rand. Ihre graugrüne Färbung harmoniert hervorragend mit der Blütenfarbe.

Standort Die Rose benötigt einen sonnigen Standort um zu gedeihen. Sie kann als hoher Strauch im Hintergrund einer Rabatte gepflanzt oder als niedriger Kletterer an Mauern, Spalieren und Bögen gehalten werden.

Pflege Die Rose ist etwas anspruchsvoller und leicht krankheitsanfällig. Da die Triebe recht lang werden, sollten sie gestützt werden.

Winchester Cathedral

Gruppe Englische Rose, Strauchrose

Herkunft Im Jahre 1988 entstand die Rose durch die Hand des Rosenzüchters David Austin, der sie in Großbritannien vorstellte. Sie wird auch kurz nur als 'Winchester' bezeichnet.

INFO *Die Rose wurde zu Ehren des Winchester Cathedral Trust benannt, der sich für Geldmittel zur Restaurierung der Kathedrale stark macht.*

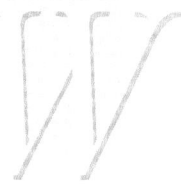

Blüte Die Blüten erscheinen fortlaufend und üppig während der ganzen Saison. Sie entfalten sich becherförmig aus rötlichen Knospen und werden weiß und dicht gefüllt. In der Mitte sind sie cremefarben getönt. Sie werden ca. 9 cm groß und sind locker strukturiert, sodass sie immer ein wenig unordentlich aussehen. Sie duften herrlich frisch nach Honig und Mandeln.

> **TIPP**
>
> **Rosen und Gehölze**
> *Wenn Sie Bäume und Sträucher als Hintergrund für Ihre Rosen wählen, sollten Sie immer darauf achten, dass sie die gleichen Ansprüche an den Standort stellen wie die Rosen und alle genug Platz haben. Im Durchschnitt brauchen die Rosen 1–2 m Abstand zu den Gehölzen.*

Charakter Der Strauch ist buschig und wird etwa 1,50 m hoch und ebenso breit. Er verzweigt sich gut und trägt viele matt mittelgrüne Blätter, die bis in den späten Herbst hinein schön bleiben. 'Winchester Cathedral' gehört zu den besten weiß blühenden Englischen Rosen.

Standort Die Rose sollte einen Standort haben, an dem sie die Sonne genießen kann. Sie ist als Solitär wie als Gruppenpflanze gleichermaßen schön. Sie kann auch in Kübeln kultiviert werden und ist als Hochstamm erhältlich. Am eindrucksvollsten wirken die weißen Rosen vor einem dunkleren Gehölzrand.

Pflege Die resistente Sorte ist pflegeleicht und lässt sich auch gut zurückschneiden. Außerdem reinigen sich die Blüten selbst, indem sie nach dem Verblühen restlos abfallen.

Yellow Charles Austin

Gruppe Englische Rose, Strauchrose

Herkunft Die Rose ist ein Abkömmling der berühmten 'Charles Austin' und ging 1981 aus der britischen Rosenschule Austin hervor.

Blüte Die öfter blühende Sorte bringt große, dicht gefüllte, leuchtend aprikot-gelbe Blüten in Rosettenform hervor. Sie sind zwar nicht sehr regenfest, bei schönem Wetter aber halten sie lange und duften angenehm nach Myrrhe.

Charakter Der starkwüchsige Strauch wächst buschig, aufrecht und gut verzweigt. Er kann eine Höhe von ca. 2 m erreichen, wobei er etwa 1,50 m breit wird. Das dichte Laub ist groß und von einem so dunklen Grün, dass es die Blütenfarbe kräftig hervorhebt. Die Rose ist recht gesund.

Standort Es empfiehlt sich ein sonniger und luftiger Standort, an dem der Strauch, vor allem in wärmeren Regionen, sehr groß werden kann. Als allein stehender Strauch ist diese Rose immer ein Blickfang. Sie kann aber auch als Kletterrose verwendet werden.

Pflege Zwar ist 'Yellow Charles Austin' robust, sollte aber bei feuchtem Wetter, meist zu Beginn und gegen Ende der Blütezeit, sorgfältig gepflegt werden, um Krankheiten wie Mehltau oder Sternrußtau zu verhindern.

Zigeunerknabe

Gruppe Alte Rose, Bourbonrose

Herkunft Diese Rose stammt aus der deutschen Rosenschule Lambert und wurde im Jahre 1909 präsentiert. International wird sie auch unter dem Namen 'Gipsy Boy' gehandelt.

Blüte Die violettpurpurroten Blüten dieser Sorte erscheinen die ganze Saison hindurch in großer Zahl. Sie sind mittelgroß bis groß, halbgefüllt und öffnen sich flach schalenförmig. In ihrer Mitte leuchten die goldgelben Staubgefäße auffallend. Sie duften angenehm.

Charakter Die große Strauchrose wächst kräftig und offen mit bogig überhängenden Trieben, die auch aus der Basis nachtreiben. Das Laub ist sehr üppig und dunkelgrün. Im Herbst schmückt sich der Strauch mit dekorativen, rotgelben Hagebutten.

Standort Empfehlenswert für diese Rose sind wiederum ein sonniger Standort sowie ein recht nährstoffreicher Boden. Als Solitär bildet 'Zigeunerknabe' einen imposanten wunderschönen Strauch. Sie kann aber auch als Kletterrose kultiviert werden, benötigt dann aber ein Rankgerüst. Auch als Hecke ist sie geeignet.

Pflege Die robuste und winterharte Pflanze ist sehr gesund und ausgesprochen pflegeleicht.

Zwergkönig 78

Gruppe Zwergrose, Moderne Rose

Herkunft Im Jahre 1978 stellte die Rosenschule Kordes diese kleine Rose in Deutschland vor. International ist sie unter dem Namen 'Dwarf King' bekannt geworden.

Blüte Die Zwergrose ist öfter blühend und blüht mit einer ausgeprägten Hauptblüte die ganze Saison hindurch. Aus stumpfen, kegelförmigen Knospen öffnen sich edle, leuchtend blutrote, gefüllte Blüten in Schalenform. Sie erscheinen in lockeren Büscheln. Die Einzelblüten werden ca. 6 cm groß. Leider duften sie nicht.

TIPP *Pro Quadratmeter sollten sechs bis sieben Einzelpflanzen eingeplant werden.*

Charakter Der Strauch, der nur etwa 40 cm hoch und fast ebenso breit wird, wächst mittelstark, aufrecht und locker verzweigt. Das dichte und gesunde Laub ist groß, dunkelgrün und sehr glänzend. Auf diese Weise verleiht es den Blüten eine noch tiefere Farbwirkung.

Standort Die Rose benötigt einen sonnigen Standort, da sie sich nur hier in ihrer vollen Pracht entwickeln kann. Durch ihren kompakten Wuchs bietet sie sich für kleinere Gärten, Terrassen oder Balkonkästen an. Da sie etwas größer wird als herkömmliche Zwergrosen kann sie auch sehr gut als Beetrose verwendet werden, wo sie in Gruppen gepflanzt oder als Hecke eine wunderbare Farbwirkung erzielt. Sie ist auch als Hochstamm erhältlich.

Pflege Die kleine Rose ist sehr robust und pflegeleicht. Daher ist sie auch für Rosenfreunde ohne viel Erfahrung und mit nur wenig Platz geradezu ideal geeignet.

INFO

Der erste Zwergkönig
Bereits im Jahre 1957 entstand eine Kordes-Rose mit dem Namen 'Zwergkönig'. 'Zwergkönig 78' ist ihre Nachfolgerin. Sie wird um Einiges größer und gilt als robuster und pflegeleichter. Auch die Farbe ihrer Blüten ist intensiver.

Zwergkönigin 82

Gruppe Zwergrose

Herkunft Auch diese Rose stammt aus dem Hause Kordes und wurde im Jahre 1982 vorgestellt. International wird sie unter dem Namen 'Dwarf Queen 82' gehandelt.

Blüte Die Rose blüht den ganzen Sommer hindurch reichlich. Die 5 cm großen Blüten haben einen intensiven Rosaton, öffnen sich schalenförmig und sind gut gefüllt. Im Verblühen hellen die rosettenförmigen Blüten auf. Bei sehr heißem Wetter erhalten sie eine bläuliche Tönung. Sie sind regenfest und duften sehr angenehm und zart.

> **TIPP** *Die 'Zwergkönigin 82' passt farblich hervorragend zu ihrem Bruder 'Zwergkönig 78'.*

Charakter Die Rose wird größer als viele andere Zwergrosen und wächst breitbuschig und aufrecht zu einem attraktiven kleinen Strauch heran. Das Laub glänzt dunkelgrün und bringt die hübsche Färbung der Blüten noch mehr zur Geltung.

Standort Die kleine Rose verlangt einen sonnigen Standort, an dem sie ausgesprochen vielseitig einsetzbar ist. Sie eignet sich als kleine Beetrose oder niedrige Hecke und kann ebenfalls in Balkonkästen kultiviert werden. Am liebsten wächst sie in Gruppen.

Pflege Die 'Zwergkönigin 82' ist sehr gesund und weitgehend krankheitsresistent, sodass sie kaum Pflege benötigt. Auch reinigen sich ihre Blüten selbst.

Register

'Aachener Dom' 190
'Abraham Darby' 14
'Adelaide d'Orleans' 16
'Alba Semi-plena' 246
'Alba Suaveolens' 246
'Alberic Barbier' 17
'Alchemist' 18
'Alchymist' 18
'Alchymiste' 18
'Alpine Sunset' 20
'Amaroela' 29
'American Pillar' 21
'Angela' 22
'Angelica' 22

'Baby Blanket' 240
'Ballerina' 24
'Barkarole' 26
'Baron Giraud de l'Ain' 28
'Baron Girod de l'Ain' 28
'Béke' 182
'Belle de Londre' 40
'Bernstein-Rose' 29
'Bischofsstadt Paderborn' 30
'Bizarre Triomphant' 38
'Blooming Carpet' 110
'Blue Rambler' 268
'Blue Rosalie' 268
'Bobbie James' 32
'Bonica 82' 33
'Bonica Meidiland' 33
'Bonnie Prince Charlie's Rose' 146
'Bordure nacrée' 34
'Bright Smile' 35
'Burgundian Rose' 194

'Cevennes' 108
'Charles Austin' 36
'Charles de Mills' 38
'Charles Mills' 38
'Charles Wills' 38
'Compassion' 40

'Comte de Chambord' 42
'Comtesse de Murinais' 43
'Constance Spry' 44
'Cottage Rose' 46
'Crimson Spire' 131
'Cuisse de Nymphe' 100

'Debutante' 48
'Della Balfour' 49
'Demon' 33
'Dicdance' 35
'Dirigent' 50
'Dornröschen' 52
'Dortmund' 54
'Duc de Cambridge' 56
'Duchesse d'Istrie' 276
'Duchesse de Cambridge' 56
'Duchesse de Montebello' 57
'Duftzauber 84' 58
'Dwarf King' 282
'Dwarf Queen 82' 284

'Easy Going' 60
'Edelweiß' 237
'Eden Rose 85' 186
'Elmshorn' 62
'Emera Blanc' 228
'Emera Pavement' 110
'Emera' 110
'Empress Josephine' 114
'English Garden' 224
'English Yellow' 98
'Erfurt' 64
'Eroika' 66
'Erotika' 66
'Eugene Fürst' 67
'Everblooming Dr. W. van Fleet' 162

'Fair Play' 68
'Fairy' 254
'Fantin-Latour' 70

'Fée des Neiges' 230
'Féerie' 254
'Ferdinand Pichard' 72
'Ferdy' 73
'Fete Des Mères' 158
'Fire Pillar' 28
'Flame Dance' 74
'Flammentanz' 74
'Fleurette' 76
'Flirt' 77
'Flower Carpet' 110
'Focus' 78
'Francofortunata' 114
'Fredsrosen' 182
'Freisinger Morgenröte' 80
'Friesia' 82
'Frühlingsduft' 84
'Frühlingsmorgen' 85
'Frühlingszauber' 86

'Gartenarchitekt Günther Schulze' 256
'Gärtnerfreude' 87
'Geisha' 88
'Gelbe Dagmar Hastrup' 260
'Gelbe Frau Dagmar Hartopp' 260
'General Korolkov' 67
'Gertrude Jekyll' 90
'Ghislaine de Féligonde' 92
'Gioia' 182
'Gipsy Boy' 282
'Gloria Dei' 182
'Gold Topaz' 96
'Golden Celebration' 94
'Goldmarie 82' 95
'Goldmarie 84' 95
'Goldmarie' 95
'Goldtopas' 96
'Graham Stuart Thomas' 98
'Graham Thomas' 98
'Grand Chateau' 26

Register

'Great Double White' 146
'Great Maiden's Blush' 100
'Gruß an Aachen' 102
'Gruß an Heidelberg' 103

'Haendel' 104
'Handel' 104
'Händel' 104
'Heckenfeuer' 106
'Heckenzauber' 234
'Heidekönigin' 107
'Heidelberg' 103
'Heidesommer' 108
'Heidetraum' 110
'Heidi Sommer' 108
'Heritage' 112
'Hermann Kegel' 165

'Iceberg' 230
'Imperatrice Josephine' 114

'Jacobite Rose' 146
'Jacqueline du Pré' 116
'Jacques Cartier' 117
'Jakobitenrose' 146

'Kir Royal' 118
'Königin von Dänemark' 201
'Konrad Adenauer' 119
'Kordes' 206
'Korresia' 82

'La Reine' 120
'La Sevillana' 122
'La Virginale' 100
'Lavender Dream' 124
'Leander' 126
'Leda' 128
'Léonard de Vinci' 129
'Leonardo da Vinci' 129
'Léopoldine d'Orléans' 16

'Lichtkönigin Lucia' 130
'Liebeszauber' 131
'Lili Marléne' 134
'Lilian Austin' 132
'Lilli Marleen' 134
'Lilli Marlene' 134
'Long John Silver' 136
'Lord Byron' 192
'Louise Odier' 137
'Lucia' 130
'Lykkefund' 138

'Magic Meidiland' 140
'Magic Meillandecor' 140
'Mandarin' 141
'Manou Meilland' 142
'Max Graf' 144
'Maxima' 146
'Mein schöner Garten' 148
'Mirato' 149
'Mme A. Meilland' 182
'Mme Antoine Meilland' 182
'Mme de Stella' 137
'Mme Hardy' 150
'Mme Legras de St. Germain' 152
'Montezuma' 154
'Moonlight' 155
'Morgenröte' 80
'Morning Jewel' 156
'Morsdag' 158
'Mother's Day' 158
'Muttertag' 158

'NDR 1 Radio Niedersachsen' 160
'New Dawn' 162
'New Valencia' 266
'Nostalgie' 164
'Nuits de Young' 165

'Old Black' 165
'Old Port' 166

'Old Velvet Moss' 276
'Opalia' 227
'Orange Meillandina' 168
'Othello' 169
'Oxfordshire' 240

'Paderborn' 28
'Painted Damask' 128
'Painted Moon' 170
'Palmengarten Frankfurt' 172
'Park Wilhelmshöhe' 174
'Parvifolia' 194
'Pat Austin' 175
'Paul Cézanne' 174
'Paul Noël' 178
'Paul's Himalayan Musk Rambler' 180

'Peace' 182
'Pearl Drift' 184
'Peer Gynt' 185
'Pierre de Ronsard' 186
'Pilgrim' 256
'Pink Elizabeth Arden' 88
'Pink Flower Carpet' 110
'Pink Grootendorst' 188
'Pink Meidiland' 189
'Pink Panther' 190
'Polareis' 191
'Polaris' 191
'Polka 91' 192
'Polka' 192
'Pompon de Bourgogne' 194
'Prince Charles' 196
'Princesse Christine von Salm' 28
'Prospero' 197
'Pur Caprice' 198

'Queen Mother' 200
'Queen Mum' 200

Register

'Queen of Denmark' 201

'Raubritter' 202
'Reine des Français' 120
'Reine Lucia' 130
'Robert le Diable' 204
'Roberta' 112
'Robusta' 206
'Romanze' 208
'Rosarium Uetersen' 210
'Rose de la Reine' 120
'Rose de Rescht' 211
'Rose Robusta' 206
'Rosemary Harkness' 212
'Rosenprofessor Sieber' 214
'Roseromantic' 216
'Rosmarin 89' 217
'Rote Flamme' 218
'Rote Max Graf' 219
'Rugelda' 220
'Rustica 91' 260

'Salut d'Aix la Chapelle' 102
'Sander's White Rambler' 222
'Santana' 223
'Scarlet Fire' 224
'Scarlet Glow' 224
'Scented Dawn' 192
'Scharlachglut' 224
'Schloß Glücksburg' 226
'Schneeflocke' 228
'Schneeprinzessin' 236
'Schneewittchen' 230

'Seagull' 232
'Sebastian Kneipp' 233
'Sevillana' 122
'Sexy Rexy' 234
'Shropshire Lass' 235
'Sleeping Beauty' 52
'Sneprinsesse' 236
'Snowline' 237
'Sommerabend' 238
'Sommermorgen' 240
'Sommerwind' 242
'Souvenir de l'Impératrice Josephine' 114
'Speelwark' 244
'Spring Fragrance' 84
'Spring Morning' 85
'Suaveolens' 246
'Summer Breeze' 242
'Summer Morning' 240
'Sunrise' 80
'Sunsprite' 82
'Super Excelsa' 247
'Superb Tuscany' 265
'Surrey' 242
'Swany' 248
'Sweet Dream' 250

'Taboo' 26
'Taifun' 252
'The Fairy' 254
'The Pilgrim' 256
'The Prince' 258
'The Wife of Bath' 274
'Topaz Jewel' 260
'Trier 2000' 262
'Triomphe de l'Exposition' 263

'Tuscany Superb' 265
'Tuscany' 264
'Twilight Glow' 192
'Typhoon' 252

'Uetersen' 210

'Valeccia' 266
'Valencia 89' 266
'Valencia' 266
'Veilchenblau' 266
'Vent d'Eté' 242
'Venusta pendula' 269
'Violet Blue' 268

'Weiße Wolke' 270
'Westerland' 272
'White Flower Carpet' 228
'White Rose of York' 146
'Wife of Bath' 274
'William Lobb' 276
'Winchester Cathedral' 278

'Yellow Charles Austin' 280
'Yellow Dagmar Hastrup' 260
'Yellow Fru Dagmar Hartopp' 260

'Zigeunerknabe' 281
'Zwergkönig 78' 282
'Zwergkönigin 82' 284

Fotografien von Annette Timmermann